Intervenções grupais nas organizações

Dados Internacionais de Catalogação na Publicação (CIP)
(Câmara Brasileira do Livro, SP, Brasil)

Intervenções grupais nas organizações / Heloisa Junqueira Fleury, Marlene Magnabosco Marra (orgs.). – São Paulo : Ágora, 2005. – (Intervenções grupais)

Vários autores.
Bibliografia.
ISBN 85-7183-900-X

1. Desempenho – Avaliação 2. Equipes no local de trabalho 3. Intervenção (Psicologia) 4. Organizações 5. Psicodrama 6. Sociodrama I. Fleury, Heloisa Junqueira. II. Marra, Marlene Magnabosco. III. Série.

05-3606 CDD-150.198

Índice para catálogo sistemático:

1. Intervenções grupais : Psicodrama : Método psicanalítico : Psicologia 150.198

Intervenções grupais nas organizações

Heloisa Junqueira Fleury
Marlene Magnabosco Marra
(orgs.)

EDITORA
ÁGORA

Capa: **Brasil Verde - BVDA**
Diagramação e fotolitos: **All Print**

Editora Ágora
Departamento editorial:
Rua Itapicuru, 613 – 7º andar
05006-000 – São Paulo – SP
Tel.: (11) 3872-3322
Fax: (11) 3872-7476
http://www.editoraagora.com.br
e-mail: agora@editoraagora.com.br

Atendimento ao consumidor:
Summus Editorial
Tel.: (11) 3865-9890

Vendas por atacado:
Tel.: (11) 3873-8638
Fax: (11) 3873-7085
e-mail: vendas@summus.com.br

Impresso no Brasil

Sumário

APRESENTAÇÃO

HELOISA J. FLEURY

A tendência atual de buscar diálogo entre diferentes disciplinas, numa interlocução que preserve a especificidade de cada uma delas, tem trazido grandes desafios para o exercício profissional. Nesse contexto, as práticas vivenciais foram reconhecidas como instrumentos eficazes na promoção de uma conexão criativa entre diferentes áreas profissionais e entre pessoas com referenciais socioculturais diversos, estimulando o desenvolvimento de metodologias psicossocioeducacionais aplicadas na mobilização, na organização, no desenvolvimento de grupos e na condução de mudanças organizacionais de alto impacto para atingir resultados.

As práticas sociais, o campo organizacional e do trabalho, os processos educacionais, o desenvolvimento da saúde como proposta de qualidade de vida, entre muitos outros, são objetivos dos trabalhadores de grupo. A perspectiva é promover uma participação efetiva para transformar a sociedade, ampliando a inserção social dos profissionais e a possibilidade de formular respostas para as necessidades urgentes e as demandas emergentes neste início de século. Nesse sentido, pessoas, grupos, instituições e organizações contribuem para uma acelerada produção científica, gerando várias subáreas de especialização e atuação profissional. É com essa perspectiva que estamos lançando o segundo volume da série **Intervenções Grupais**.

Esse trabalho surgiu de uma parceria entre Marlene Magnabosco Marra e eu quando, entre 1997 e 2002, presidimos, respectivamente, a Federação Brasileira de Psicodrama (Febrap). Identificamos, nesse período, um desenvolvimento crescente de práticas e intervenções grupais que cada vez mais projetavam o psicodramatista para fora do seu campo clínico de atuação. Era uma multiplicidade criativa de intervenções nos mais diferentes contextos.

Naquela época, a explosão de formas, contextos e protagonistas desse psicodrama contemporâneo não era bem conhecida devido aos poucos protocolos descritivos disponíveis.

Em meus trabalhos desenvolvidos nos anos seguintes, tive o privilégio de compreender melhor as diversas aplicações do psicodrama em diferentes regiões do país. Transformei essa pluralidade de intervenções em pôster premiado, em 2003, na Turquia, no 15º Congresso Internacional de Psicoterapia de Grupo, promovido pela International Association of Group Psychotherapy (IAGP). Essa realização trouxe enorme motivação para executarmos o projeto, reunindo em livro a diversidade de intervenções e contextos de psicodramatistas representantes de todas as regiões do Brasil.

A exuberância e a competência dos muitos profissionais colaboradores de todas as regiões do Brasil transformaram o projeto inicial em coletânea. O primeiro livro apresentou a área dos direitos humanos. Neste segundo, representantes do psicodrama brasileiro contemporâneo mostram suas intervenções em organizações.

Muitas têm sido as contribuições metodológicas para capacitar profissionais de diferentes áreas para o trabalho com grupos, para criar novas metodologias de recrutamento, seleção e desenvolvimento profissional, para incrementar o crescimento interpessoal, gerencial e de equipes e o desenvolvimento de diversos papéis profissionais.

A pesquisa de clima organizacional, que possibilita trabalhar os conflitos existentes nas equipes de trabalho; a gestão de desempenho, facilitadora do processo de desenvolvimento das habilidades gerenciais de negociação, acompanhamento e avaliação de desempenho; a readaptação ao trabalho por profissionais atingidos pelas mais diversas condições desfavoráveis e outras patologias relacionadas com a atividade profissional são modalidades que exemplificam a diversidade das práticas grupais.

Nossa perspectiva neste volume é valorizar a produção socionômica e conectá-la a campos de saber mais amplo.

Esperamos que os saberes descobertos ou redescobertos possam ser referência para novos trabalhos.

Introdução

MARLENE MAGNABOSCO MARRA

Num mundo globalizado que tem a mudança como mola propulsora, é imprescindível inovar e atualizar o processo de educação, incorporando a ele as áreas estratégicas táticas e operacionais. As mudanças e a instabilidade tornaram-se permanentes. O mundo atual não mais comporta uma única visão da realidade. Estamos na época da diversidade, da desigualdade e das diferenças, que exigem das organizações, das pessoas e dos grupos novas abordagens para entender e enfrentar múltiplos desafios. Vivemos a era da pluralidade.

Os novos *insights* são muitos e podem ser utilizados para direcionar os objetivos estratégicos, projetar a visibilidade dos grupos e implementar, acompanhar e avaliar novos programas que atendem a suas demandas e os impulsionam a ampliar seus sistemas e redes em constantes ressonâncias.

Ao intervir em organizações, buscamos articular os aspectos sociais, educacionais e éticos para prevenir problemas e tratar o contexto institucional. A educação contemporânea tem por objetivo desenvolver uma consciência crítica que permita ao homem criar e transformar a realidade constantemente. Vista como um processo dialético, caracteriza-se pelo intercâmbio entre os níveis afetivo, social, cognitivo, cultural e ético.

No exercício de nossas práticas grupais, estamos sempre criando contextos de construção comum, espaços de interlocução entre os membros do grupo comprometidos em promover conhecimento aliado à oportunidade de enfrentar melhor a realidade e, ao mesmo tempo, valorizar a competência de cada um, explorando seus recursos internos.

O material é sempre a interação grupal. Os estudos sobre ressonância surgem para comprovar que os grupos ou sistemas constroem uma realidade a partir da história compartilhada por seus membros e, ao se relacionarem, influenciam uns aos outros.

Este texto busca traçar algumas das possíveis articulações entre contexto e conceito que integram várias dimensões do paradigma socionômico concebido por J. L. Moreno (1972, 1992) e o fenômeno da ressonância estudado por Mony Elkaim (1990, 1998, 2000).

Tanto os trabalhos de Moreno quanto os de Elkaim apresentaram um caminho metodológico alternativo e facilitador da apreensão do conhecimento, possibilitando-nos abranger, ao mesmo tempo, uma dimensão do sujeito em sua subjetividade, seus papéis sociais vividos no contexto e a ressonância dessas vivências implicadas nos demais membros do grupo ou do sistema.

Partimos da idéia de que a ressonância, fenômeno comum às duas abordagens, aparece no interjogo do processo complexo de conhecimento do real entre os observadores participantes (atores) e o contexto dessa construção. A ressonância, como ponto comum a diferentes sistemas em inter-relação, torna-se um instrumento de intervenção (interação grupal) e amplia, qualitativamente, o campo.

Os autores sustentam que a compreensão das mudanças qualitativas de um sistema tem um sentido e um significado fundamental nos seus elementos históricos que se apresentam no aqui e agora, favorecendo uma nova organização do sistema. Por meio de movimentos (leis) próprios, singulares e intrínsecos, o sistema qualifica-se com novas leituras.

Elkaim (1990) chama de ressonância esses agrupamentos particulares constituídos pelas intersecções de elementos comuns a diferentes indivíduos ou diferentes sistemas humanos que suscitam mútuas construções do real, dos membros, dos sistemas. Tais intersecções ocorrem em uma situação sociodramática, e esses elementos parecem ressoar sob o efeito de um ator comum, como um corpo que vibra sob o efeito de dada freqüência sonora. Esses elementos que configuram a situação sociodramática possibilitam o aparecimento das ressonâncias no sistema, as quais incluem desde as regras importantes para a história dos diferentes protagonistas até as de caráter institucional, social ou de qualquer outra natureza.

Pontos focais de desequilíbrio são absorvidos por meio de uma reorganização do todo que adquire nova configuração. É no movimento e na transformação do sistema que reside a possibilidade de conhecer a realidade social. O sistema ganha um novo sentido, que é a multiplicidade de soluções para um mesmo problema e a importância do contexto para limitar o campo do possível.

Elkaim (*apud* Prigogine, 2000, p. 313) demonstra que a "evolução dos sistemas está ligada não apenas a uma lei geral, mas às propriedades intrínsecas desses sistemas, ou seja, à natureza dos processos de interação entre seus elementos, pois essas interações podem provocar um estado instável e uma bifurcação específica que separarão abruptamente as diferentes formas de comportamento". Essas variáveis podem ser ampliadas dentro de condições específicas, como o sociodrama, até que o sistema evolua para um novo estado qualitativamente diferente do anterior. Assim, um novo sentido conduz "um novo olhar sobre a situação, dando origem a elementos responsáveis pelo aparecimento de novos contextos de vida ricos em relações, cuja ampliação e multiplicação suscitam a eclosão de outros possíveis".

Podemos então concluir que o trabalho efetuado em tal ou qual ponto de ressonância com este ou aquele protagonista de um sistema, em dado contexto, modifica os outros sistemas em inter-relação.

Nossa percepção assegura que todo sistema constitui uma unidade em si mesmo, interagindo com os demais sistemas e operando na promoção da saúde ou das patologias, e que as ressonâncias manifestas na interação e presentes nos contextos constituem recursos de intervenção.

Referências bibliográficas

ELKAIM, M. *Se me amas, não me ame*: abordagem sistêmica em psicoterapia familiar e conjugal. Campinas: Papirus, 1990.

ELKAIM, M. (org.). *Panorama das terapias familiares*. São Paulo: Summus, 1998.

________. *Terapia familiar em transformação*. São Paulo: Summus, 2000.

MORENO, J. L. *Psicodrama*. São Paulo: Cultrix, 1972.

________. *Quem sobreviverá?* Fundamentos da sociometria, psicoterapia de grupo e sociodrama. Goiânia: Dimensão, 1992.

1

O MÉTODO DO SOCIODRAMA NAS MUDANÇAS ORGANIZACIONAIS

YVETTE DATNER

Este capítulo procura fundamentar um método de intervenção grupal em empresa. O termo "intervenção" é definido por duas abordagens:

- a de Moreno (1992), para o qual "o investigador participante cuidará de estar dentro do grupo para conhecê-lo, participando de suas transformações e mudanças";
- a de Barbier (2002), para o qual "a pesquisa-ação obriga o pesquisador de implicar-se [...]. Ele também implica os outros, por meio do seu olhar e de sua ação singular no mundo".

Não se trata, portanto, de uma ação unilateral de pesquisadores, instrutores ou consultores, que decidem o que é bom para o grupo, que dessa forma está submetido e não é sujeito e objeto do processo.

Dito isso, dentre os métodos da socionomia de Moreno, o sociodrama possui uma relação mútua com a pesquisa-ação. É o grupo que imprime a direção pelo desejo e pela consciência da necessidade de mudanças, cujos "atores pesquisadores"

(Moreno, 1992), que são todos os participantes, ouvem, decodificam e apresentam suas leituras ao grupo, que co-responde e/ou corresponde a partir do estabelecimento de uma relação entre os membros do grupo e os profissionais, de tal forma que se permitam a co-criação, a co-ação e a co-construção de opções de solução visando a mudanças e/ou transformações.

Para descrever esse processo, relata-se uma intervenção grupal em uma indústria brasileira de grande porte, na área de produção, com 300 funcionários organizados em sete grupos de 40 a 45 participantes, em função dos horários de turnos, para os quais o método do sociodrama trouxe resultados comprovados e visíveis imediatamente após o programa: ocorreram transformações da qualidade dos relacionamentos, melhoria do clima de trabalho, aumento da produtividade, melhoria na organização dos processos e fluxos e alcance de metas determinadas pela gestão.

Nesses mapas de relações, em que o critério foi o da escolha da gestão, portanto não foi considerada a escolha pessoal, os colaboradores se avizinham e devem colocar seus conhecimentos à disposição do coletivo de forma muito rápida, principalmente se, por decisão de gestão, foram deslocados para a área. No entanto, o jogo que se estabelece entre o sentir, o pensar e o fazer de cada um, numa situação instável, acaba por não liberar a espontaneidade para a troca e o estabelecimento de relações complementares entre papéis.

O pesquisador implicado na pesquisa-ação e o pesquisador ator do sociodrama fazem emergir a assunção de ser autor e ator da transformação definida como necessária à saúde do coletivo pelo próprio coletivo do qual ele também faz parte.

Ambos os métodos, o sociodrama e a pesquisa-ação, principiam pela escuta das questões, tais como: problemas de produção, relações, hierarquias, poder, gestão, organizacionais, dores, incômodos, sentimentos de menos-valia, medo, insegurança, pressões, desconfianças e outras que paralisam ou ao menos perturbam tanto a possibilidade de virem a ser equipes e times ou evoluírem, por meio de uma dinâmica relacional e de um percurso saudáveis, com espontaneidade e criatividade.

Contextualizando o método

O sociodrama, criado por Moreno, é, segundo este autor: "o método profundo de ação que trata das relações intergrupais e de ideologias coletivas". E ainda: "O verdadeiro sujeito do sociodrama é o grupo" (Moreno, 1974).

O sociodrama e os demais métodos grupais visam à sociatria "(do grego *iatreia* = terapêutica), a ciência do tratamento dos sistemas sociais" (Moreno, 1994) e compõem com a sociometria ("o estudo da estrutura psicológica real da sociedade humana [...] e consiste em complexos padrões interpessoais que são estudados por métodos quantitativos e qualitativos", Moreno, 1975) e com a sociodinâmica (o conjunto de métodos de ação) a estrutura da socionomia: "a ciência das leis sociais" (Moreno, 1994).

O sociodrama é um método focado nos denominadores coletivos, e com ele o pesquisador-diretor-facilitador deixa de ser um observador a distância e fora do grupo, antigo paradigma, para ser um autor/ator participante do próprio processo de transformação do grupo, inserto nele, por estar implicado tanto quanto todos os demais participantes.

O sociodrama, como todos os métodos de Moreno, é um método de ação que movimenta e permite a concretização de transformações a partir da consciência e da verdade desvelada pelo próprio protagonista, que, no caso, é o grupo, diferentemente do psicodrama, no qual o protagonista é um dos participantes. Se a pesquisa-conhecimento e o entendimento são feitos pela sociometria, seja pelo teste perceptual seja pela pesquisa situacional, esses serão disparadores da ação transformadora, modificadora da "conserva cultural" pela dramatização, como apresentou Moreno (1975).

A ESTRUTURA

Seguindo o método, é a dramatização, ou a ação dramática (como preferem alguns autores contemporâneos), a etapa subseqüente ao aquecimento que se organiza a partir dos resultados da pesquisa sociométrica (diagnóstico) compartilhada. Com a dramatização, concretizam-se as possibilidades de transformação e parte-se para a estrutura: as mudanças e o desenvolvimento grupal pelas modificações das relações dos participantes são visualizados no palco psicodramático e vêm a ser efetivados na prática, de forma imediata, no ambiente da realidade cotidiana.

Pela ação vivenciada da complementaridade relacional, a dramatização promove novas formas de ser, relacionar-se, estar no "aqui e agora", sentir, pensar e agir do coletivo presente. O terceiro momento do processo, quando o grupo compartilha e troca impressões, sentimentos, emoções e conhecimentos da ação vivenciada, é que permite a tomada de decisões e compromissos desse coletivo.

Segundo Barbier (2002), a pesquisa-ação

> trata-se de um tipo de pesquisa social com base empírica concebida e realizada em estreita associação com uma ação ou com a resolução de um problema coletivo e no qual os

pesquisadores e os participantes representativos da situação ou problema estão envolvidos de modo cooperativo ou participativo.

A esse respeito, diz Barbier (2002): "foi mediante a ação mesmo que eu descobri, pouco a pouco, a que ponto a Pesquisa-Ação impunha uma outra visão das ciências humanas e da sociedade". Esse mesmo autor atribui a Kurt Lewin a glória de ter estruturado a pesquisa-ação (*action-research, recherché-action*), quando sabemos que Moreno, antes de Lewin, defendeu a nova ciência humana e social, ou seja, o pesquisador deveria sair do seu posicionamento dito neutro, tratando os sujeitos como objetos de pesquisa, para tornar-se um sujeito da própria pesquisa, dado ser impossível não estar envolvido, portanto implicado nas questões sociais, existenciais ou qualquer outra dos grupos com os quais se está "em relação", como Moreno afirma. Estar implicado é trabalhar com os outros, e não sobre ou para os outros – essa é a proposta da pesquisa-ação, presente na abordagem moreniana.

Da mesma forma que outras propostas socionômicas, o psicodrama e o sociodrama, a pesquisa-ação ainda não se tornou um método bem-aceito pelas empresas. Ainda se esbarra com a expectativa de tudo ter de ser previsto com antecedência, desde as falas até o material didático. É difícil ganhar a confiança dos que contratam nossos serviços e convencê-los de que o espontâneo e o aqui e agora expressos são o próprio *script* do grupo, representando as necessidades genuínas do grupo e de que o não-previsto não expressa disfunções de um processo educacional, mas são manifestações espontâneas da subjetividade objetivada. E mais, se estamos implicados, é do grupo que virá o desenho instrucional organizado pelo método do pesquisador socionomista. O que leva a planejar e tratar os resultados da mesma forma que a escolha do método.

Nas empresas, os chamados treinamento e desenvolvimento vêm mudando muito nos últimos tempos, tendo à sua frente profissionais que buscam processos e procedimentos educacionais transformadores que não sejam mais a repetição e/ou didáticas consagradas tradicionalmente. Estamos ainda diante do impasse do novo, de quebrar paradigmas de aprendizagem, de desenvolvimento pessoal e profissional e educação profissional.

É preciso entender que a palavra "organização" é mais forte que "transformação", que sempre teve um significado ligado a movimento, turbulência e deslocamento, portanto mudanças. Fala-se tanto em mudanças, mas pergunto quanto elas podem ser suportadas pelas organizações. Quanto as organizações podem autônoma e realmente funcionar ideologicamente fora da rede de mercado?

É na área do terceiro setor que encontramos maior quantidade de teses e escritos relatando os resultados da pesquisa-ação, do sociodrama e do psicodrama socioeducacional nas organizações. Em seguida, nas instituições sociais e educacionais. Nas empresas, o sociodrama como intervenção grupal começa a ser valorizado pelos resultados visíveis e duradouros.

Se até há pouco tempo palavras como "transformação" e "mudanças" eram o contrário do que a ciência buscava e do que guiava a educação, seja pela manutenção, continuidade do *status quo*, estabilidade e verdade única, hoje já existe um movimento das ciências sociais e humanas que vem enfocando o homem e todos os fenômenos que o envolvem, de forma a devolver-lhe o ser autor e ator dos processos de sua existência.

Por essa perspectiva é que os métodos de intervenção em grupos deverão ser remodelados diante das diferenças das expectativas organizacionais. As competências do papel profissional que hoje são exigidas, tais como autonomia, criatividade e inovação, autodireção e contribuição pelo saber/conhecimento, provocam mudanças na própria característica de gestão das organizações.

Identifico no meu papel de psicodramatista em empresas meu *locus* de trabalho na direção de sociodramas, cujas características (quanto ao posicionamento e à postura desse papel) são descritas a seguir.

Diz Barbier:

> O pesquisador em Pesquisa-Ação não é nem um agente de uma instituição, nem um ator de uma organização, nem um indivíduo sem atribuição social; ao contrário, ele aceita eventualmente esses diferentes papéis em certos momentos de sua ação e reflexão. Ele é, antes de tudo, um sujeito autônomo e, mais ainda, um autor de sua prática e de seu discurso. O processo de autorização – tornar-se seu próprio autor – segundo Jacques Ardoino (1977) leva-o justamente com outros a formar, na incompletude, um grupo-sujeito no qual interagem os conflitos e os imprevistos da vida democrática.

Encontro no sociodrama os mesmos princípios que guiam uma ação co-decidida, co-planejada e co-desenvolvida. Os participantes dos grupos e os profissionais com os quais deverão integrar-se, como sendo desse coletivo, todos juntos buscam as melhores alternativas de transformação e delas escolhem um percurso viável.

Moreno apresenta ao leitor os grupos e suas questões, e, mais importante que tudo, insere-se nos grupos a partir do momento em que indica a postura de estar implicado. Tal condição permite a espontaneidade e a criatividade, um desempenho de papel autêntico, portanto vivenciar as complementaridades da rede formada. Essa mudança de posição, do distanciado para o interno e incluído (dentro de), muda totalmente a forma como um profissional proporá qualquer intervenção num grupo.

Essa mudança de postura faz dele um pesquisador e coconstrutor do saber e das ações de decisão do grupo, como Moreno propôs em todos os seus métodos: o profissional não mais trabalha baseado em solitários pressupostos únicos, quando chegava de fora e aplicava um saber ou proposta que ele sozinho tinha elaborado e considerado universalmente útil a todos indiscriminadamente.

O profissional implicado e fundamentado nas abordagens morenianas e da pesquisa-ação não chega mais com "sei o que é bom para vocês". Da mesma forma, os tais diagnósticos antecipados e interpretados ou comunicados por terceiros darão lugar ao diagnóstico *in situ* e elaborado coletivamente com o grupo. Mesmo que o profissional contratado use ferramentas científicas para elaboração e tratamento dos dados, esses serão compartilhados como meios de consciência.

Se pudermos trabalhar com e pela consciência, teremos participantes autores e atores dos seus próprios processos, e não mais os "convocados" para um treinamento, um curso ou *workshop*, que recebem os caminhos prontos de antemão e só têm de incorporá-los sem poder de fato participar criticamente do processo, somente precisando colocá-los em prática de forma alienante.

Assim, os treinamentos em empresas poderão atender às reais necessidades dos grupos, das equipes e áreas na sua objetividade-subjetivada, propiciando maior participação colaboradora de seus membros nos processos de sucesso. É preciso ter o cuidado necessário para não confundir processos transformadores de alta positividade com caos e processos desordenados, além de termos de lidar com os receios do contratante que, por precisar avaliar os eventos segundo padrões de qualidade retirados de padrões de processos técnicos, acaba exigindo um roteiro fechado *a priori*.

Afinal, o que se tem pregado nas organizações é que todos têm uma posição importante na empresa, do faxineiro ao presidente. Poderia haver, portanto, uma rede tecida e dinâmica que garantisse essas posições. No discurso todos são importantes e igualmente participantes do sucesso do empreendimento organizacional. Então, se as competências que são valorizadas mudaram, dando outra configuração ao papel profissional, os métodos de trabalhar esse papel também deverão sê-lo sem, no entanto, estar a serviço de outro objetivo que não a saúde dos grupos, suas transformações e a existência qualitativa do homem.

Um profissional que se implica continua fazendo sua pesquisa ou diagnóstico, usa o método com a participação dos sujeitos-atores. Co-registra e co-planeja uma proposta de ação a ser permanentemente reavaliada e co-decidida – cada etapa é iniciada com o aval de todos os atores-participantes. Imprevistos acontecem e é preciso estar preparado para mobilizar a criatividade para responder de forma adequada à situação inesperada e alterar planos pela espontaneidade e criatividade.

A grande diferença entre um formato pedagógico de uma verdade pré-pronta e um método de ação implicada está na responsabilidade do profissional, que se implica pela co-construção de alternativas de transformação que devem ser elaboradas e experimentadas em co-gestão.

Nas organizações, o sociodrama, mais conhecido como psicodrama, tem sido alvo de questionamentos justamente por não repetir o paradigma de diagnósticos organizacionais consagrados, os métodos de educação empresarial, os treinamentos ou cursos. A grande pergunta que nos fazem é: como você pode garantir os resultados? Quais seriam os resultados? Profissionais formatados ou os que assumam a mudança e a incorporem ao seu papel como autores/atores?

Portanto, é o sociodrama como método de ação, desenvolvimento e transformação grupais que rompe paradigmas e surpreende pelos resultados. Mas também é preciso valorizar o profissional formado para a correta utilização do método: os psicodramatistas, que receberam a formação nos centros formadores de psicodrama. Denominamos sociopsicodrama para pontuar a dimensão do *socius* na perspectiva das proposições morenianas da subjetividade.

Nossa postura compreende a não-interpretação e tirar conclusões fora de contexto do grupo, de seu ambiente e relações hierárquicas, além de conter duas características essenciais a um bom trabalho de grupo: a escuta ativa do cliente e um envolvimento focado.

Essa escuta leva em conta colocar-se no lugar do demandante, lembrando que nas empresas esse é sempre um mediador entre o grupo e nós, mas nos colocamos no seu lugar no sentido de sentir a angústia e seu pedido; em seguida priorizamos a escuta ativa do grupo, dos seus participantes com a mesma inversão de papel. Quando é possível, essa escuta é direta com o grupo antes da intervenção sociodramática.

Já o envolvimento focado leva em conta a compreensão do ambiente, o tipo de organização, além dos princípios éticos, missão e valores dela. "Somos", "pertencemos" por um tempo para nos implicarmos.

Outra questão que pode parecer burocrática, mas não é: um contrato claro com o grupo. Não contratos de regras internas de sala, mas quanto a objetivos, atividades-ação propostas, encaminhamentos e o que mudar, para alcançar o que queremos – com todos co-implicados. Esse contrato é feito após a escuta ativa, pois será dela que emanará o contrato principalmente quanto à obtenção de resultados e respostas necessárias para o grupo. Lembramos que o implicado inclui os elementos do grupo, ou seja, um nós. E, nele, nós profissionais co-laboradores.

Definimos intervenção como a presença e a co-participação de pelo menos um (no nosso caso somos sempre no mínimo dois) profissional preparado para implicar-se e estar implicado na transformação escolhida e acolhida pelo grupo, portanto junto com os atores sociais/organizacionais, para a realização de uma co-construção de um processo de mudanças eleitas como necessidade. A intervenção não será de modo algum uma ação em mão única do profissional, segundo sua única ótica e decisão e do que é melhor para o outro.

Tanto os métodos socionômicos (mais conhecidos como psicodrama) como os da pesquisa-ação sofrem as mesmas críticas: a sua não-cientificidade e seus resultados são considerados improváveis, pouco confiáveis e continuados. Criticam-se também sua bricolagem e seu formato não-acadêmico, que ainda é um referencial forte, principalmente a não-repetição de procedimentos, que, na opinião de muitos, retiraria o caráter científico das múltiplas possíveis junções de métodos e técnicas, ou seja, das melhores práticas, não isoladas, mas no seu valor de parceiras para resultados de qualidade.

Todo o procedimento do psicodrama, sociopsicodrama ou sociodrama obriga os sujeitos implicados a definir claramente seu contrato de trabalho, por exigir uma nova maneira de vivência dinâmica, cujos objetivos pretendidos sejam bem definidos. E isso somente poderá acontecer com a mudança de posição de cada um dos atores e dos profissionais do processo, a partir deste momento fundamental: todos serem atores e autores. Portanto, tanto o sociodrama como a pesquisa-ação supõem a ruptura com o *status quo* de direção grupal consagrada. *Status quo* definido como a forma conservada de fazer as coisas.

Romper o *status quo* é deixar a repetição de lado e introduzir novas maneiras de sentir, pensar e fazer, principalmente quanto à forma de abordagem das pessoas implicadas, dos procedimentos técnicos, do tratamento das problemáticas e dos temas para a transformação, dos conhecimentos disponibilizados, adquiridos, partilhados e refletidos, e da mudança que é vivenciada no aqui e agora, como início de uma nova fase do grupo, ou seja, início do futuro. Não se trata da volta ao passado ou consertar o errado e voltar ao que era antes. Trata-se, sim, de avançar pela história na co-construção da existência do grupo e de cada ator implicado na rede de relações tão a gosto de Moreno.

A condição *sine qua non* para conduzir um procedimento moreniano semelhante à pesquisa-ação é criar um espaço de autonomia, em que as relações entre todos os implicados construam-se fora das regras de funcionamento de suas respectivas organizações. O objetivo é co-criar outra forma de tratar os empecilhos que aborrecem e incomodam os sujeitos no local de trabalho e gerar a autonomia para que eles sejam autores e atores dessa história existencial de mudanças ou transformação. É isso que constitui a não-repetição das regras organizacionais, e a criatividade na renovação de valores e dos princípios certamente revitaliza a própria organização também.

Não há nessa proposta perda de identidade. O que acontece é um enriquecimento de conhecimentos, pois, ao se constituir como um coletivo, as relações tornam-se horizontais e formam uma rede de complementaridade ou de papéis complementares, sem a verticalização da hierarquia ou do poder. As trocas dos saberes, das experiências e das reflexões que se dão pelo compartilhamento possibilitam enriquecer e até mesmo modificar o projeto inicial com inovações que a criatividade estimulada produz.

Portanto, tanto o sociodrama como a pesquisa-ação são intervenções em co-gestão: as comunicações, as expressões espontâneas e as trocas constroem uma tessitura original de tal forma que as escolhas e as decisões dos planos de ação são de autoria do coletivo interessado. A grande diferença é a mudança da postura do educador empresarial ou consultor. De um papel de poder, de domínio, pelo conhecimento que passa de si para a platéia, torna-se um colaborador, co-autor e co-criador da aprendizagem compartilhada e da transformação colaborativa – é estar implicado nesse coletivo.

No entanto, não basta propor e achar que a adesão será sempre de 100%. Também não se trata de propor e abandonar o grupo à sua mercê e observá-lo, como talvez a palavra "autonomia" possa sugerir. É a forma de abordagem das questões que estão na pauta do grupo e não necessariamente na pré-proposta dos profissionais conducentes ou da organização contratante. Temos alcançado felizes parcerias nos diagnósticos prévios, encontrando profissionais engajados a ponto de se formar uma relação de encontro e complementaridade. Contar com profissionais de RH, *marketing*, comercial ou de gestão com sensibilidade para detectar questões e dificuldades e ouvir esses grupos constitui facilitadores importantíssimos tanto no ganho de tempo como na pronta ação-resposta aos anseios dos grupos.

CONTEXTUALIZANDO A PRÁTICA — UM CASO REAL

Fomos chamados para intervir num departamento específico de uma indústria. Esse convite deveu-se tanto ao domínio da metodologia socionômica de Moreno como ao reconhecimento de que somos profissionais que se implicam nos processos de transformação de coletividades, tanto as empresariais como os pequenos e grandes grupos e as comunidades.

Além disso, somos profissionais que trabalham com os grupos, co-construindo o conhecimento e trabalhando em conjunto, oferecendo nossa "bricolagem", escolhida em função do contrato com o grupo.

O grande segredo está no envolvimento e na disponibilidade dos participantes, bem como no fato de não sermos entregadores de conhecimentos prontos, dogmáticos e distantes dos nossos sujeitos-grupos. Sabemos que conhecimentos e conceitos organizacionais como relacionamento, comunicação, equipe, liderança e outros, tão caros a programas de treinamento em empresas em sistema de cursos, são justificados ainda hoje como sendo o único meio de aprendizagem e avaliação de resultados.

Os conteúdos e conhecimentos também fazem parte de uma das nossas bricolagens – material teórico-conceitual utilizado nos processamentos – que acontecem tanto durante as fases do processo como ao final de uma atividade. Esse é outro segredo de satisfação e motivação dos participantes: saber o porquê e entender o que está acontecendo. Consideramos importante o prazer das descobertas e das competências de cada um, por estar implicado como autor e ator do processo.

A HISTÓRIA

Por necessidade de aumentar a produção de um novo componente, muitos funcionários de outros departamentos foram transferidos para o departamento X, aonde chegaram pessoas de diversos setores com o objetivo de passar a trabalhar juntas. Além desse remanejamento interno de funcionários, novos foram contratados – decisão e ação de gestão rápidas. Cada um recebeu um aviso e no dia seguinte dirigiu-se ao novo espaço. Em pouco tempo houve um aumento de pessoas no departamento, e nem sempre a explicação que foi dada para a mudança foi satisfatória.

De repente, formou-se uma nova comunidade de produção: 92% masculina, de várias idades e experiências – funcionários escolhidos sem critério muito claro, mas que uma avaliação rápida apontara como os profissionais mais adequados para produzir em alta *performance*. Eles, porém, não conheciam o novo produto nem seu processo de fabricação.

O pessoal que já pertencia à área sentiu a pressão pela responsabilidade atribuída a eles de ensinar o novo trabalho, que lhes era praticamente novo também. Nessas circunstâncias, surgiram insegurança e temor de desrespeito: os novos contratados, entusiasmados por estarem empregados numa época de alta taxa de desemprego, queriam "mostrar serviço", mas não encontravam receptividade nos antigos. Havia também receio entre os funcionários transferidos, pois tinham deixado seu espaço e seus colegas e amigos. Existia na empresa a cultura de que a mudança de setor é demissão quase certa. O clima estava tenso, de estranhamento e isolamento, "com cada um na sua". A radiopeão e o diz-que-diz corriam como rastilho de pólvora, o que só aumentava o medo e a insegurança. Ocorrera também outro fato novo: o aumento do número de supervisores, isto é, gente nova no comando, mais horas trabalhadas e a pressão por resultados.

Recebemos uma proposta de intervir, mas o processo não poderia ultrapassar quatro horas diárias para cada grupo de 45 a 50 participantes, agrupados pelo único critério do turno de trabalho.

A pesquisa e o levantamento de necessidades haviam sido feitos pelo RH e os resultados demonstravam uma série de insatisfações, incertezas, cansaço, tensão, descontentamentos, isolamento, dificuldades de convivência, queixas de não ser cumprimentado nem pelo supervisor, saudades da equipe e do supervisor anteriores, enfim, desconforto e dores muito fortes.

Essas informações foram confirmadas por nossa visita *in loco*.

Diante do desafio das quatro horas diárias com grupos tão grandes, a opção foi propor o programa-tema *Team Building* (usamos termos da cultura da organização), durante o qual sugerimos recursos de ação alavancadores para a criação de novas respostas que diminuíssem as angústias e dores paralisantes, abrindo espaço para a transformação. Trabalhamos com sete grupos, portanto uma coletividade de quase 300 sujeitos em quatro dias, meio período para cada um, com intervalo de uma hora para almoço.

A CHEGADA DOS GRUPOS À SALA DO TREINAMENTO

O modo de entrar no espaço físico, a maneira de escolher o lugar para sentar, a pontualidade ou não, a formação de subgrupos ("panelas"), os cochichos, os olhares de curiosidade, o temor, a desconfiança e, às vezes, até mesmo a hostilidade, tudo isso revelou imediatamente que os participantes estavam ali porque tinham sido convocados pela organização. Eles chegaram com a expectativa de assistir a uma palestra e, quem sabe, dormir sem ser notados durante o uso de algum recurso audiovisual no escuro, aproveitando a ocasião para dar uma parada no trabalho.

Colocar-se no lugar do outro

Nesse momento ainda não estava construído o espaço de autonomia para que o coletivo pudesse exprimir-se. As questões e as dores encontravam-se em cada um. As subjetividades não se expressavam, ficando recolhidas. Só sabiam que ali estavam porque algo ia mal! Estavam apreensivos quanto à sua continuidade na empresa e se posicionavam assim: "Não vou falar nada", "Não estarei contra nada". Estavam como submetidos e dependentes, encolhidos, e, se pudessem, desapareceriam no vento!

Ainda que eles tivessem interesses e necessidades comuns, ou sentimentos comuns facilitadores do desenvolvimento de relações interpessoais e trocas, restavam as perguntas: "Quem são estas duas mulheres?", "O que será que vai acontecer?", "O que vão contar 'prus homi'?".

Diante dessa constatação, a elaboração e o desenvolvimento do *Team Building* foram norteados pela sensibilização, pelo estabelecimento de contrato e pela parceria de trabalho em comum.

A proposta

A proposta que lhes fizemos foi a de encontrarmos juntos, por meio de atividades-ações, outras formas de funcionamento mais satisfatórias e a possibilidade de co-criar maneiras de relacionar-se em todos os níveis, de forma a gerar ambiente saudável e clima bom de trabalho.

Como fizemos: seguindo as etapas do método

O aquecimento

Optamos por iniciar a construção do nosso relacionamento com um jogo de aproximação: vamos até as pessoas, olhando-as, pedindo licença para sentar ao seu lado e estendendo-lhes a mão. Esse cumprimento é tipicamente masculino e corrente nas indústrias. Sentamos próximas a diversos participantes e nos apresentamos informalmente, de forma lúdica e pela maiêutica socrática, perguntando o porquê de eles estarem ali, se sabiam o que ia acontecer. Essas entrevistas são diferentes para cada grupo, pois estão diretamente vinculadas às pessoas e à tele (Moreno, 1975).

Os grupos se descontraíram. Com o bate-papo, indicaram, por metáforas, as "convocações", os "Vai lá que vai ser bom", "É um treinamento, vai...". Nossas reações dramáticas e de surpresa provocaram risos, e conseqüentemente um relacionamento baseado na compreensão foi se estabelecendo.

Esse tipo de ação possibilita uma pesquisa direta, ao vivo, dos aspectos relevantes para confirmar, ou não, as situações, os sentimentos e descontentamentos, já identificados pela área de RH – sensível na escuta e no entendimento da seqüência dos fatos provocadores. Com isso, nos posicionamos como implicadas, isto é, junto com eles, para uma co-gestão da problemática e da transformação. Nosso papel passa a ter, a partir desse momento, uma importância na oferta de recursos da nossa bricolagem.

Essa transparência e objetividade conquistaram a confiança de boa parte dos presentes, que revelaram emoções e preocupações com a situação.

O CONTRATO

Uma vez estabelecida a linguagem comum, apresentamos nossa proposta de programa, contando o que íamos fazer em cada etapa.

Revelamos a cada grupo o porquê de realizarmos o treinamento: falamos claramente que sabíamos das pressões, dores, angústias e insatisfações, e os convidamos a opinar sobre se aceitavam ou não a proposta, se queriam mudar alguma coisa. Esse foi um momento importante, pois os participantes passaram a assumir sua responsabilidade pelo processo.

Assinamos um termo de responsabilidade em *flip-chart*, comprometendo-nos a não relatar, de modo algum, episódios pessoais nem falas individuais, e muito menos expor alguém a um superior ou a qualquer pessoa. Desse modo, implicamos igualmente a profissional do RH que nos acompanhava e queria anotar tudo, o que deixou de fazer a partir desse acordo. Solicitamos que ninguém citasse qualquer pessoa ausente. Assim, o contrato foi elaborado e assinado por todos.

AQUECIMENTO INESPECÍFICO

Ainda na etapa do aquecimento inespecífico, valendo-nos dos recursos da sociometria, solicitamos que o grupo se dividisse pelo critério do tempo em que estavam no departamento. Havia pessoas que estavam chegando naquele dia e outros com vinte anos na área, por exemplo.

O objetivo foi o de integrar pela referência – tempo de casa –, levando os grupos a identificar-se com as mesmas questões, além de se conhecerem. Cada faixa de tempo tinha uma responsabilidade diferente na linha de produção. É importante ressaltar que esse critério não partiu de nossa imaginação, e sim da longa visita e das conversas na linha de produção nos dias anteriores.

Solicitamos a cada grupo que se apresentasse e depois trocasse entre si: como estavam, como estava o setor, que era o tema-foco.

Para nós, essa etapa caracterizou-se pela autoria dos sujeitos por sua própria pesquisa. Na troca, acontece a identificação no coletivo daquilo que parecia único, subjetivo e privado. É extremamente importante o sentimento de pertencer, ter um referencial. Somente esse pertencimento é que possibilita a troca, o diálogo e as relações complementares do papel profissional: o papel protagonista.

Os grupos com os funcionários mais antigos foram os que manifestaram maior cuidado e demoraram em se aquecer para a troca. Levaram muito tempo até confiar que ali não haveria espionagem. Já os grupos com os funcionários mais recentes na empresa entenderam e confiaram na proposta, a de encontrar outras formas de funcionamento do departamento.

Estávamos diante de uma "conserva cultural" estruturada de um lado, e da "espontaneidade e criatividade" do outro (Moreno, 1975).

Após essas trocas, esses reconhecimentos e, por que não dizer, esses desabafos com nossa implicação (contribuindo como facilitadoras), cada subgrupo apresentou sua expressão numa dramatização no palco psicodramático.

Aquecimento específico

Esta etapa inicia-se com a escolha do conteúdo. Na seqüência decide-se a cena a ser trazida para o espaço dramático e por fim acontece a entrevista da unidade funcional – entrevistamos cada papel, localizando tempo, espaço, nome, situando o contexto.

Dramatização

A dramatização que encaminhamos contempla conflitos, problemas e impasses, e não soluções imaginadas e de final feliz. A dramatização moreniana desvela e revela a essência da questão colocada e traz a dor, a angústia, os sentimentos, as emoções, o dar-se conta do que é real. Não se trata de simular uma história de outras origens ou autoria, e sim de dramatizar, vivenciar a história de sua autoria. Portanto, em cena há autores/atores da situação que está acontecendo no aqui-e-agora compartilhado.

No sociodrama, cada subgrupo que se forma pelo critério do subtema do contrato traz sua cena-história e, enquanto a dramatização acontece, com nossa direção técnica, a platéia composta pelos demais subgrupos assiste para depois poder intervir, co-construindo as mudanças e transformações.

Como se nota, as propostas feitas pelos participantes da platéia não precisam ser feitas em subgrupo, podem ser dadas por indivíduo. Cada um assume sua proposta e escolhe entrar num papel para vivenciar um desempenho e verificar sua viabilidade. E isso acontece em cada cena dramatizada. Nessas cenas, como sempre há o protagonista e seus complementares, denominamos esse processo de sociopsicodrama, pois desvela tanto a dimensão individual como a coletiva.

Voltando ao relato do caso

Cada grupo completo apresentou sua visão dos problemas reais na área no palco. Por ser uma sala de aula interna da empresa, havia até mesmo um estrado da largura da sala onde habitualmente fica a mesa do professor/instrutor na sala. O cenário montado foi original, por parte de cada um dos grupos, bem como a forma de dramatizar.

Durante a dramatização, utilizamos as técnicas que Moreno (1975) elaborou, tais como: solilóquio e duplo com o papel protagonista. A inversão de papéis foi introduzida ao perguntarmos à platéia (os demais grupos – platéia neste momento) se alguém gostaria de modificar a situação-cena-realidade-problema-conflito.

As reações dos demais grupos a cada dramatização foram do tipo:

– É assim mesmo!!!

– Será que ouviram a gente preparar?

– É isso!...

– Nossa! Eles também!

Nessa etapa, o coletivo se encontra e se reconhece, podendo então avançar e co-criar transformações. As dramatizações tiveram momentos intensos, densos, de surpresas, impacto e aprofundamento de questionamentos. Tais reações aconteceram em todos os sete grupos.

Após as inversões de papéis em forma de teatro espontâneo (Moreno, 1984) e processamentos em cima das realizações, o coletivo tirou conclusões e decidiu agir para mudar. Autorizaram-se a levar e aplicar suas decisões envolvendo as demais instâncias. Reuniões de resolução, de mudanças de relacionamento e outras foram afirmadas e realizadas de fato no setor.

Por ser uma indústria, as forças políticas, tais como a Comissão de Fábrica e o Sindicato, estiveram representadas sem se identificar. No entanto, dada nossa experiência, não foi difícil determinar esses papéis. Além disso, impedimos que suas manifestações pudessem atrapalhar a espontaneidade dos grupos e os envolvemos, pois eles também eram sujeitos do drama.

O PROCESSAMENTO

O processamento foi ocorrendo ao longo das ações. Temos utilizado essa maneira por acreditarmos que a clareza do entendimento é melhor logo após a ação vivida, em vez de uma hora depois ou ao final de todo o processo. Às vezes procedemos de forma diferente. Sempre dependerá da expressão do grupo. Do que é melhor para ele, segundo ele próprio.

Mantendo os parceiros-autores informados dos objetivos, das construções-resultados a que chegamos todos e das conseqüências das decisões no ambiente, sempre trabalhando em conjunto, os participantes adquirem o saber como agir em caso de necessidade de mudanças, no aqui e agora já deslocado no futuro. O debate e o diálogo permanecem possíveis quando todos têm a mesma informação. Sem ela, o perigo do caótico volta a rondar a área.

O COMPARTILHAMENTO

Da mesma forma que o processamento, o exercício do compartilhar reforça os laços criados, para que não se rompam ao final do treinamento. É nesse compartilhar que o humano genuíno aparece na emoção e na expressão dos sentimentos e nas possibilidades de desenvolvimento.

PRÓXIMA ETAPA

Com duas horas e meia, planos de ação decididos, propusemos uma seqüência de jogos relacionados a trabalho em grupo, criatividade e convivência, nem sempre fixa, dadas as mudanças de turnos e plantões. O primeiro foi um jogo de empresa que envolveria mais o trabalho em equipe.

É importante definir que os jogos não são somente utilizados para início de atividades ou aquecimentos. A infinidade de jogos facilita a escolha adequada ao processo e à etapa de grupos, inclusive o momento de jogar. Não se trata de uma escolha aleatória. Nesse caso, o lúdico foi proposto como aprendizagem e aumento da motivação.

Um jogo de empresa

Após o intervalo para café, iniciamos a etapa seguinte, aprovada pelos grupos. Ofereceu-se a possibilidade de vivenciar melhor a co-construção de conceitos, tais como: relacionamento, respeito, convivência, equipe, criatividade, mudanças e adaptabilidade.

O grupo trabalhou com um jogo dramático de empresas de minha autoria, com objetos intermediários.

Dessa vez, cada subgrupo foi organizado segundo o critério de misturar os participantes, desfazendo os agrupamentos por tempo de casa, ou idade. Se o desejo era aumentar a qualidade da convivência e poder trabalhar junto de forma tranqüila, não deveriam ser mais respeitados aqueles critérios.

Aquecimento

Com isso apresentamos o que era mudança de paradigma, como aquecimento para o jogo. Essa proposta foi bem-aceita, pois, após duas horas de ação dramática, o jogo trouxe um desafio: agora podiam resolver juntos, uma vez que estavam mais familiarizados uns com os outros. O jogo se iniciou com o pedido para que criassem uma inovação que partisse de um planejamento.

Em geral, os participantes acreditam que o jogo se resume à inovação de algo! Julgam que ganharão o jogo pela competição com os demais grupos da sala, mas o importante é o desenvolvimento da sensibilidade e da percepção pelo sentir, vivenciando o que é trabalhar, criar e mudar em grupo.

Em determinado momento, solicitamos a três pessoas de cada subgrupo que se transferissem para o grupo formado à sua direita. Repetimos essa técnica mais duas vezes, mesclando todos os grupos várias vezes e de forma diferente.

Em cada fase do jogo, eles passavam a ter parceiros diferentes e configurações grupais diversas – o que é um desafio. Ora se deslocavam para a direita ora para a esquerda, com o cuidado de os mesmos participantes não se encontrarem mais de uma vez.

Dramatização

Enquanto se deslocavam, e no caminho para o outro grupo, pedíamos que parassem onde estivessem. O espaço de caminhada é o palco psicodramático. Ali, naquele tempo e espaço, sentimentos e pensamentos se desdobravam nos sujeitos-protagonistas.

A situação que se passa num espaço diferente do do grupo é onde a dramatização ocorre com a protagonização de todos os fenômenos, e emoções e sentimentos que a vivência proporciona: explodem a rejeição, a aceitação, o abandonar seu grupo, sair sem negociar a saída, chegar ao outro grupo sem pedir para entrar – sempre com base nos conceitos sociométricos de relação grupal.

Nessa circunstância, os participantes puderam perceber como era continuar o trabalho do outro, o ciúme, a falta de confiança quando "passo meu trabalho para outro", a reação de receber um trabalho de outro: críticas, julgamentos e rejeições.

Em cada grupo, diversos elementos foram sendo expressos num clima de co-descoberta e co-aprendizagem. Facilmente identificaram a semelhança entre aquilo que viviam ali e o que lhes tinha acontecido durante o período de transferência de departamento, passando a lidar com as perdas e a negociar somente quando tivessem uma informação completa. Nessa etapa de consciência-elaboração consistente, aprenderam a solicitar, a falar.

Finalizando o programa: o Jogo do Desafio

Este jogo visa obter resultados que somente podem ser alcançados com a cooperação de todos e a consciência do papel que cada um desempenha numa equipe em função de objetivos. É importante ressaltar que, se num primeiro momento os erros ou falhas eram cometidos porque o jogo era considerado uma brincadeira e principalmente porque julgava-se que os outros resolveriam a questão, aos poucos o sentimento de se sentir importante e ter valor para o grupo provocou uma mudança das ações. Entre risadas e comentários, as pessoas organizaram-se e concluíram que não se chega a nenhum lugar sem que todos sejam igualmente responsáveis.

Os participantes do jogo o consideraram o coroamento do treinamento, e expressaram sua satisfação dizendo:

– Não deu nem para dormir!

O compartilhamento deu-se de forma reflexiva. Alguns comentaram que precisavam rever sua posição e o desempenho do papel na equipe.

Os resultados

Sem termos tido tempo de refletir e de registrar esse processo tão intenso, logo após o último grupo e já no estacionamento da empresa, fomos chamadas para uma reunião com a área. Entramos na sala onde estavam o gestor, todos os supervisores e o RH, que nos comunicaram que os participantes haviam se mobilizado imediatamente após o término do treinamento, convidando seus supervisores para um fórum e propondo mudanças de tratamento, de formas de trabalho, normas e combinados, além de normas de convivência e relacionamento.

O que mais nos chamou a atenção foi a rapidez dos resultados, sua concretização e as realizações imediatas e em seis dos sete grupos. O primeiro esperou os demais darem sua opinião para que iniciassem o processo de mudança.

Reflexões finais

A experiência relatada neste capítulo nos faz acreditar e confirmar que o sociodrama é uma intervenção grupal profunda tanto para o indivíduo como para o coletivo, qualquer que seja o tempo-hora. Diferencia-se da pesquisa-ação no processo, que, nessa, é mais longo, com vários encontros, elaboração, enquanto o sociodrama aplicado em organizações faz uso da ação e, no caso da dramatização e suas técnicas, intervém com resultados imediatos, no aqui e agora, com rápida transposição para o cotidiano.

Outra diferença é que a metodologia moreniana permite visualizar os fatos e as situações enquanto vão acontecendo, pois, quando as pessoas dramatizam, elas saem da esfera do imaginário e abstrato para a concretização dinâmica das ações dramáticas, o que as coloca diante do novo e do desconhecido da co-criação.

Referências bibliográficas

ALMEIDA, W. C. O lugar do psicodrama. In: PETRILLI, S. (org.). *Rosa-dos-ventos da teoria do psicodrama*. São Paulo: Ágora, 1994, p. 51-60.

BARBIER, R. *A pesquisa-ação*. Brasília: Plano, 2002.

CUKIER, R. *Palavras de Jacob Levy Moreno*. São Paulo: Ágora, 2002.

DATNER, Y. Jogando e aprendendo a viver. In: MOTTA, J. C. (org.). *O jogo no psicodrama*. São Paulo: Ágora, 1995.

LEWIN, K. *Problemas de dinâmica de grupos*. São Paulo: Cultrix, 1973.

MORENO, J. L. *Psicodrama*. São Paulo: Cultrix, 1975.

________. *Quem sobreviverá?* Fundamentos da sociometria, psicoterapia de grupo e sociodrama. Goiânia: Dimensão, 1992.

________. *O teatro da espontaneidade*. São Paulo: Summus, 1984.

THIOLLENT, M. *Metodologia da pesquisa-ação*. São Paulo: Cortez, 2003.

2

Intervenções psicodramáticas em organizações empresariais

TÂNIA FATOR

A globalização da economia trouxe grandes transformações para o cotidiano das pessoas, em que as contradições podem ser percebidas. Na vida profissional, em algumas estratégias administrativas (como a Gestão da Qualidade Total, por exemplo), o enfoque no ritmo e volume nos modos de produção sofreu modificações, causando conflito de valores e abrindo espaço para a prática da negociação, como se fosse um rudimento de democracia.

É assim que, nesse fenômeno social chamado globalização, atualmente tão em moda, e que faz parte do cotidiano das pessoas, promove-se um espaço da alienação social, mas também um espaço da superação dessa alienação. É nessa tensão entre a alienação e sua superação que a intervenção psicodramática propõe-se buscar melhoria das condições de trabalho pela melhoria na qualidade de vida do trabalhador.

Para a realização do trabalho de pesquisa apresentado neste capítulo, levou-se em consideração que a decisão de investigar as condições em que se dá a relação entre a razão e a sensibilidade parte do pressuposto de que ambas estão presentes na vida cotidiana dos trabalhadores nas organizações empresariais; além do que, essa relação parece sofrer a fragmentação existente nas condições vividas no mundo atual. Esse pressuposto determinou a investigação das circunstâncias que envolvem a realização das intervenções psicodramáticas nas relações socioprofissionais, a partir da análise da expansividade afetiva.

Considerando-se que as pessoas têm necessidades que precisam ser satisfeitas, é preciso separar as necessidades da sociedade de consumo das necessidades reais (Heller, 1992), sem as quais essas pessoas comprometem seu eixo pessoal, ficando com a identidade comprometida e saindo do estado que os administradores insistem em chamar de "motivação". Essa "motivação" aparece nas intervenções psicodramáticas na forma de espontaneidade criadora, que é um catalisador psicológico verdadeiro.

Segundo a teoria socionômica (Moreno, 1994), não se pode pensar ou estudar a pessoa separando-se suas partes, tampouco considerando-a imutável. Então, é preciso estudar seu processo de desenvolvimento, cuja ação, emoção e pensamento não existem separadamente, mas articulados.

Admitindo que o sentimento é uma informação sobre o significado das coisas para as pessoas, o estudo da expansividade afetiva (Moreno, 1994) é um caminho para a investigação da constituição dos sujeitos. Como o átomo social (Menegazzo, 1995) é a menor unidade social a ser investigada (e não o indivíduo isolado), a investigação da tele (Moreno, 1994) de um átomo social pode esclarecer as relações sociais existentes em sua organização, assim como diagnosticar a estruturação das relações sociais nas organizações empresariais.

Focando o olhar no contexto organizacional, pode-se perceber que o estado em que se encontra a espontaneidade criadora (Moreno, 1990) das pessoas interfere na representação de seus papéis profissionais, facilitando ou dificultando essas ações. Como tais papéis não estão conscientes, os trabalhadores, mesmo com sua identidade comprometida, continuarão a atuar neles, levando sua vida para estados de desgaste e de estresse.

Parece que é nesse ponto que o psicodrama (Moreno, 1990) oferece suas vantagens, como metodologia de intervenção grupal, porque sua proposta é questionar o mundo dos costumes estabelecidos, da conserva cultural, possibilitando a reintegração dos indivíduos com a totalidade de suas realidades sociais, por meio da crítica sobre a representação de seus papéis, e, portanto, causando a consciência de si e do outro.

O desenvolvimento da afetividade (Martinet, 1981) modifica os processos psíquicos em sua totalidade, porque, ao conscientizar-se de suas emoções, o indivíduo consegue estabelecer relações interpessoais mais abrangentes, já que o significado e o sentido da vida geralmente são mais bem percebidos pelos indivíduos quando estão em ação psicodramática. Assim, a realização das intervenções psicodramáticas tem demonstrado ser capaz de desenvolver novas condições afetivas e, portanto, pode proporcionar as condições favoráveis para a manutenção desse movimento constante de emancipação humana, desde que tenha sempre como principal meta a integração da razão e da sensibilidade.

Etapas da intervenção psicodramática

Os métodos socionômicos (sociometria, sociodinâmica e sociatria) (Moreno, 1994) aplicados às intervenções psicodramáticas podem ser apresentados de forma separada, apenas por questões teóricas, pois, no decorrer das práticas intervencionistas, os psicodramatistas podem passar de uma estratégia para outra, conforme a necessidade e o momento grupal, sem que esse movimento seja inadequado.

Dessa maneira, para realizar uma intervenção psicodramática é necessário, utilizando-se de todo o referencial teórico psicodramático, desenvolver duas etapas principais: a pré-intervenção ou diagnóstico e a intervenção psicodramática propriamente dita, para reconhecer o contexto e poder intervir nele, pois, do contrário, estar-se-ia utilizando o psicodrama como instrumento e não como fundamentação teórico-metodológica. Necessário se faz esclarecer que essas duas etapas iniciais não excluem a dinâmica psicodramática posterior, que se baseia em fazer diagnóstico dos papéis sociais e da rede social a todo o momento, para poder reconsiderar e replanejar a intervenção.

Na primeira etapa, são diagnosticados o momento e a condição socioafetiva em que se encontra a organização empresarial dos trabalhadores participantes quanto a três aspectos básicos: a história de sua organização (fases da matriz de identidade); seu cotidiano organizacional (papéis e redes); e seu clima organizacional (espontaneidade e expansividade afetiva).

Na segunda etapa, serão negociadas com o grupo as formas da intervenção psicodramática e suas disponibilidades organizacionais, a fim de promover o "encontro organizacional", utilizando para isso os argumentos do referencial moreniano (Moreno, 1983), que buscam, em última instância, a saúde social. São os próprios trabalhadores organizados que estabelecem os critérios da intervenção, ou seja, o grupo percebe qual é sua demanda, e a intervenção psicodramática será organizada de maneira a questionar as condições do momento, as origens das necessidades grupais, as escolhas de caminhos por percorrer e os objetivos que se quer atingir.

Na verdade não há um tipo único de intervenção psicodramática, ela é uma metodologia que tem a mesma base teórico-metodológica, mas não tem um *script* pronto. Ela varia em sua ação pela influência da espontaneidade e da criatividade do grupo, incluindo nesse grupo os psicodramatistas. É uma construção em grupo, o que implica vários tipos de conseqüências ou de riscos, envolvendo surpresas sobre o trabalho, impasses éticos do psicodramatista e dos outros participantes.

O FOCO NA EXPANSIVIDADE AFETIVA

A aproximação do psicodramatista com a realidade social tem permitido perceber que as atividades desenvolvidas pelos sujeitos estão impregnadas de certa produção afetiva, que direciona, consciente ou inconscientemente, os caminhos que as relações do sujeito em seu mundo tomarão e que estão estreitamente interligadas ao conceito de expansividade afetiva, confirmando que há uma capacidade intersubjetiva de movimentar (expansão e retração) e reter as vinculações socioafetivas entre os indivíduos (Moreno, 1994). Da mesma forma, a afetividade é a base das produções organizativas de vinculações presentes nas redes sociais, estabelecendo e reforçando os núcleos de significados das atividades, suas crenças e ideologia (Pagès *et al.*, 1976).

É a partir das relações afetivas que os sujeitos irão organizar-se em suas relações sociais, determinando os papéis que serão representados, sua inter-relação no espaço e no tempo, inclusive suas características de poder e autoridade (Pagès *et al.*, 1993) em relação aos demais.

Desse modo, fica difícil compreender as expressões humanas se não se levar em consideração a afetividade como parte integrante da vida psíquica, estudando apenas a vida cognitiva e racional dos sujeitos.

Outro ponto é que a dimensão afetiva humana está presente nas relações homem-trabalho, assim como em toda sua vida cotidiana (Heller, 1985). É por meio dela que os indivíduos comunicam o sentido e o significado que dão a suas vidas, que tomam uma posição perante a realidade e, também, por onde se reconstroem a cada nova mudança em sua rede vincular.

Portanto, pesquisar a afetividade pelo psicodrama abre a possibilidade de atender às necessidades de uma prática social engajada com a liberdade e a felicidade humanas. Esse processo, por sua vez, resgata a essência da identidade dos indivíduos, integrando verdadeiramente sua razão e sua sensibilidade, potencializando um estado que poderia ser chamado de espontaneidade ética (Fator, 1997).

Questões sobre sua identidade, sua consciência e suas representações sociais ficam mais evidentes, quando a intervenção é de cunho psicodramático. A relação entre significado e sentido pode ser revista como uma relação entre ideologia e afetividade, pois parece que a complementaridade da expansividade afetiva é a estruturação da autoridade e do poder. Toda movimentação dos sentimentos é uma explicitação ideológica, assim como toda explicitação ideológica é uma movimentação dos sentimentos (Heller, 1985).

Pensar o homem como um ser integral é aceitar que os aspectos psicológicos humanos precisam ser entendidos durante seu processo de desenvolvimento e que, portanto, sua identidade pode ser reconhecida a partir do movimento que o comportamento humano realiza com outro comportamento humano.

As relações humanas são estabelecidas pela comunicação entre sujeitos, pela tele e pela transferência (Moreno, 1994);

comunicação que pode ser realizada de várias formas de ação, constituindo a consciência um produto histórico desses sujeitos. Assim entendida, a ação humana é reflexiva e não reflexa. Sua expressão está contida na representação espontânea e criativa dos papéis.

Por outro lado, é na identidade que se encontra a síntese da relação do sujeito com a sociedade (Naffah Neto, 1979). Suas narrativas mostram como seu cotidiano foi construído pela história, pelo concreto de suas relações afetivo-sociais, além de como suas emoções continuam determinando a existência de processos psicológicos de catarse ou de defesa, na realização das organizações humanas.

A organização dos vínculos grupais produz e é produzida por um sistema de autoridade e poder em que se entrelaçam os papéis sociais e suas complementaridades (Pagès *et al.*, 1993) – um sistema lógico que permite articular as produções organizativas, que dão "corpo" à ação, com as produções vinculativas, que dão "vida" às relações, ordenando espaços e atribuições, criando alianças e oposições, facilidades e obstáculos, enfim, constituindo o tecido afetivo-social que é a rede sociométrica (Moreno, 1994).

Assim, as representações que os sujeitos fazem de seu mundo são efetivadas a partir da ocorrência de muitos mediadores, manifestadas com base no conteúdo de sua consciência. Contudo, de acordo com Heller (1992), não há tomada de consciência de si mesmo sem determinação da experiência com o social, isto é, a experiência pessoal é socialmente determinada, porém as reações dos sujeitos são particularizadas pelos seus sentidos.

Há, desse modo, a possibilidade de surgir um conflito de identidade no sujeito: ser ou não ser. No momento em que aparece em sua ação uma questão conflituosa, uma contradição entre o significado de ser trabalhador e o sentido de estar trabalhador, sua aceitação de si mesmo se desestrutura, evidenciando que sua representação social não corresponde à sua prática cotidiana, principalmente se essa representação social for ideológica e, enquanto tal, não permitir ao sujeito manter-se em sua espontaneidade criadora.

Historicamente, as redes sociais nas atuais sociedades globalizadas foram ficando muito complexas e dificultando as ações de controle sobre os indivíduos. Portanto, foram sendo criadas formas de autocontrole social, internalizadas individualmente (Spink, 1994). Como a afetividade não permite um controle estável, as relações de poder e autoridade foram sendo estabelecidas a partir de uma racionalidade mais instrumental, cada vez mais cindida de seu comportamento emocional. Assim, a afetividade foi recebendo cada vez mais uma desvalorização ideológica, facilitando o processo de globalização sedimentado apenas sobre a razão, que permite mais facilmente a massificação. Ao sentir-se impedido de representar seus papéis de forma espontânea e criativa, o sujeito assume a atuação desses papéis como forma de atender às exigências sociais sobre ele, porém transformando-se em um indivíduo-clichê (Heller, 1992).

Se o conceito de trabalhador se apresenta como um conceito valorativo, com referência a um tempo e a um lugar, então, pode-se dizer que ele também corre o risco de ser ideológico. Quer dizer, representa a idéia que socialmente é construída sobre o trabalhador, o que supõe que, atendendo e satisfazendo às expectativas criadas para esse papel, o sujeito materializa com seus comportamentos a representação do "dever-ser" na sua vida profissional, que são assimilados socialmente, sem muita consciência ou atitude reflexiva sobre eles. A idéia de dever-ser presente nos trabalhadores é socialmente construída (Heller, 1992), na medida em que é fruto dos valores da sociedade que a produz e é, pode-se dizer, vazia de sentimentos.

O que se sabe é que os trabalhadores já nasceram insertos em seu cotidiano. Sua vida diária não está fora da história, mas, ao contrário, está no centro de seu acontecer histórico. Em seu cotidiano eles trabalham com estas duas forças: as que vêm da generalização da sua função e as que partem deles enquanto individualidade. Nem sempre ambas caminham no mesmo sentido e, muitas vezes, é do conflito entre elas que se origina a mudança de seu papel. A superação dessa crise como um salto qualitativo será o resultado de pequenas mudanças lentas e graduais, que provavelmente ocorrerão ao longo de sua história de vida. Não se trata, portanto, de negar a identidade-clichê, pois é fundamental para a segurança e a confiança interpessoais, mas, de integrá-la com a identidade-multiplicidade, que juntas permitirão um estado de tensão existencial propício para o movimento constante de emancipação.

É possível desencadear situações em que os trabalhadores venham a questionar o sistema de valores, estabelecido nas organizações empresariais e existente em suas práticas sociais, com sua inclusão em intervenções psicodramáticas. Ela não é uma situação *sine qua non*, pois, da mesma forma que há a possibilidade de a crítica se concretizar, também há a necessidade de evitar a dor e o desconforto que ela produzirá. Portanto, pode-se considerar que os resultados conseguidos pela metodologia psicodramática são limitados pelas características do contexto social, incluída aí a postura ética do psicodramatista.

A ÉTICA DO PSICODRAMATISTA

As intervenções psicodramáticas praticadas em organizações empresariais seguem as sistematizações criadas por Moreno na elaboração do projeto socionômico, entretanto reforçam a necessidade de se trabalhar dentro do campo dos papéis profissionais, e não aceitar o aprofundamento das atividades para o campo dos papéis originários, pois, dessa forma, estaria havendo uma invasão (ainda que solicitada pelo participante), em seu núcleo interno psicodinâmico, o que deve ser reservado para atendimentos psicoterapêuticos.

Em outras palavras, não é recomendável que se faça terapia na empresa, pois as relações de poder e de hierarquia burocrática não permitem o sigilo necessário e nem sempre respeitam o contrato afetivo do grupo. O psicodramatista deve levar em consideração que democracia nas organizações empresariais praticamente não existe, pois a maioria delas ainda prefere o autoritarismo como forma de prática gerencial, já que estão mais interessadas na velocidade e na quantidade dos resultados produtivos do que propriamente na qualidade das relações socioprofissionais. E o psicodramatista necessita ter clareza de em quais condições desenvolverá suas ações, ou melhor, em qual cenário o drama irá se desenrolar.

Portanto, parece ser muito importante conscientizar-se de quais são os princípios éticos que envolvem as intervenções psicodramáticas, quais são suas propostas de ação e qual é sua ideologia. Nelas, existe a possibilidade de discutir, questionar, criticar e esclarecer as relações sociais dentro das organizações empresariais, da mesma maneira como se faz na vida cotidiana, nos chamados grupos informais, e, por conta disso, desvelar as relações de exploração que existem e estão aí entre capital e trabalho. Isso porque, segundo Moreno, o projeto psicodramático pode ser assumido em qualquer contexto social, seja ele institucionalizado ou não, pois o que será investigado, em última instância, serão as relações sociométricas que estejam presentes nesses contextos.

O psicodramatista necessita ter muito claro qual é seu papel nesse processo de intervenção, principalmente com qual ideologia vai assumir essa ação estratégica, pois a intervenção psicodramática não está livre do risco de ser utilizada para fins de adestramento, de manipulação, como qualquer uma das técnicas psicossociais disponíveis para tal fim. O que vai livrá-la desse mal tamanho é a garantia de que o psicodramatista é não um técnico neutro como querem as práticas tradicionais, mas um pesquisador e um interventor comprometido com a liberdade humana e a justiça social. Sem essa clareza de postura perante o mundo, fica essencialmente perigoso qualquer ato de intervenção psicodramática.

Da mesma forma que a história da ciência tem mostrado que pode haver duas pedagogias, uma do oprimido, outra do opressor; ou, então, que pode haver duas psicologias, uma tradicional, outra crítica; também pode ser observado que há a possibilidade de haver dois psicodramas, um crítico e revolucionário, outro harmonioso e contemporizador. Entretanto, é preciso insistir na crença que Moreno (1992, p. 91) disseminou:

> Uma forma particular de sociodrama, entretanto, é exceção à regra: a forma centrada no grupo. Nela, o problema e a apresentação não são forçados ao grupo por um todo-poderoso ditador-diretor, mas, sim, emanam do próprio grupo. Se aos membros for permitida verdadeira espontaneidade, as ten-

> dências desnaturalizadoras têm de ceder, mais cedo ou mais tarde, às aspirações espontâneas dos participantes. Esta forma de sociodrama que tem o grupo como centro, a não ser que proibida por lei, é aliada natural dos processos democráticos.

Concluindo, o que se percebe, então, é que há grande possibilidade de o manejo da afetividade facilitar o entendimento das relações de poder e autoridade existentes nos fenômenos organizacionais; contudo, trabalhar a afetividade é difícil, a partir de instrumentos e técnicas tradicionais, pois a afetividade requer metodologia crítica de ação, de manifestação do agir/sentir/pensar integrados, para o que o psicodrama pode conseguir bons resultados. Citado por Naffah Neto (1979, p. 130), é Moreno quem diz:

> [...] basta esquecermos os dogmas cientificistas do controle, da manipulação e da objetividade concebida como um sobrevôo do fenômeno; se o cientista é parte implicada na própria realidade social, ele que se valha de sua posição como uma abertura e uma estratégia metodológica; se não é nada mais que um sujeito, lançado na interioridade e no entrecruzamento de correntes intersubjetivas, isso significa tão somente que sua posição não o privilegia mais do que aos outros sujeitos implicados e que, nesse sentido, o experimento tem que ser um projeto movido do interior e envolvendo a participação conjunta de todos. Na verdade, o experimentador transforma-se num catalisador dos movimentos espontâneos latentes que emergem no interior dos grupos e que, se conduzidos sistematicamente, vão desembocar em novas formas de organização social, que seriam então avaliadas em contraste com outras formas e com outros grupos.

REFERÊNCIAS BIBLIOGRÁFICAS

BERGER, P. L.; LUCKMANN, T. *A construção social da realidade*. Petrópolis: Vozes, 1973.

CODO, W.; SAMPAIO, J. J. C. (orgs.). *Sofrimento psíquico nas organizações*: saúde mental e trabalho. Petrópolis: Vozes, 1995.

FATOR, T. *Razão e sensibilidade*: resultados de intervenções psicodramáticas em organizações empresariais. 1997. 350 f. Dissertação (Mestrado em Psicologia Social) – PUC-SP, São Paulo, 1997.

FONSECA FILHO, J. S. *Psicodrama da loucura*. São Paulo: Ágora, 1994.

GONÇALVES, C. S. *et al. Lições de psicodrama*. São Paulo: Ágora, 1992.

HELLER, A. *O cotidiano e a história*. 4. ed. São Paulo: Paz e Terra, 1992.

________. *Teoría de los sentimientos*. Barcelona: Fontamara, 1985.

MARTINET, M. *Teoria das emoções*. Lisboa: Moraes, 1981.

MENEGAZZO, C. M. *et al. Dicionário de psicodrama e sociodrama*. São Paulo: Ágora, 1995.

MORENO, J. L. *O teatro da espontaneidade*. 2. ed. São Paulo: Summus, 1984.

________. *Fundamentos do psicodrama*. São Paulo: Summus, 1993.

________. *As palavras do pai*. Campinas: Editorial Psy, 1992.

________. *Psicodrama*. São Paulo: Cultrix, 1990.

________. *Psicoterapia de grupo e psicodrama:* introdução à teoria e à prática. 2. ed. revisada, Campinas: Editorial Psy, 1993.

________. *Quem sobreviverá?* Fundamentos da sociometria, psicoterapia de grupo e sociodrama. Goiânia: Dimensão, 1994. v. I.

NAFFAH NETO, A. *Psicodrama*: descolonizando o imaginário. São Paulo: Brasiliense, 1979.

________. *A vida afetiva dos grupos*: esboço de uma teoria da relação humana. Petrópolis: Vozes/Edusp, 1976.

PAGÈS, M. *et al. O poder das organizações*. São Paulo: Atlas, 1993.

SPINK, P. K. Cidadania na organização e cidadania da organização. In: SPINK, M. J. P. (org.). *A cidadania em construção*. São Paulo: Cortez, 1994. p. 105-21.

[illegible]

[illegible]

[illegible]

[illegible] Fundamentos da [illegible] [illegible] 1994.

[illegible] 1979.

[illegible] São Paulo: Ática, [illegible]

[illegible]

[illegible] 1984, p. 105-23.

3

O PSICODRAMA NA HUMANIZAÇÃO HOSPITALAR

ANNATÁLIA MENESES DE AMORIM GOMES
MARILYN KAY NATIONS
MARCO ANTONIO PULICE AMATO

O Sistema Único de Saúde (SUS), criado com a Constituição Federal Brasileira de 1988, estabelece o direito do cidadão à saúde e determina que é competência do Estado assegurar esse direito. É inegável que, desde sua criação, o SUS tem buscado a descentralização, a regionalização e a participação como estratégias de garantir o acesso, a eqüidade e a integralidade na atenção à saúde da população. Apesar desses avanços, alguns desafios persistem, sendo o mais chamativo o despreparo dos profissionais para lidar com a dimensão subjetiva na prática, além de modelos de gestão centralizadores e verticais, que os afastam da participação (HumanizaSUS, 2004).

Um levantamento de aceitação/satisfação de usuários nos hospitais do SUS (Ministério da Saúde, 2002) constatou que 80% dos pacientes estavam "satisfeitos" com o atendimento; 20% mostraram-se "insatisfeitos" com a organização hospitalar, tempo de espera, fila e falta de vagas. Mas essa insatisfação foi suplantada por queixas subjetivas ligadas ao relacionamento dos usuários com os profissionais e seus maus-tratos e atitudes grosseira, indiferente e desinteressada (PNHAH, 2002).

Essa insatisfação levou o Ministério a buscar iniciativas para melhorar o contato humano entre profissional da saúde e usuário, a fim de garantir o bom funcionamento do SUS, levando à criação em 2000 do Programa Nacional de Humanização da Assistência Hospitalar (PNHAH). O principal objetivo do Programa foi possibilitar, difundir e consolidar a criação de uma cultura de humanização democrática, solidária e crítica na rede hospitalar credenciada ao SUS (PNHAH, 2002, p. 3). Esse programa contribuiu para o surgimento, em 2003, da Política Nacional de Humanização (PNH).

De acordo com essa política, o conceito de humanização consiste na valorização dos diferentes sujeitos implicados no processo de produção de saúde: usuários, trabalhadores e gestores, tendo como valores norteadores a autonomia e o protagonismo desses sujeitos, a co-responsabilidade entre eles, o estabelecimento de vínculos solidários e a participação coletiva no processo de gestão (HumanizaSUS, 2004).

Para Cembranelli (2000), tal proposta apresenta significações diversas e tem uma natureza subjetiva – reconhece os sentimentos e lida com emoções, fortalecendo vínculos de afetividade, considerando a fragilidade física e emocional e o desenvolvimento de esforços para minorar a dor. Esse conceito é histórico e cultural, relacionando-se com a posição ética de respeito ao outro e ao cuidar (Boff, 1999), acolhimento do desconhecido e reconhecimento dos seus limites, como realça o PNHAH (2002, p. 5):

> Humanizar a assistência hospitalar implica dar lugar à palavra dos profissionais da saúde, de forma a se criar uma rede de diálogo que promova as ações, campanhas, programas e políticas assistenciais a partir da dignidade ética da palavra, do respeito, do reconhecimento mútuo e da solidariedade.

Segundo Sampaio (2000), a humanização nos hospitais não é um conceito fechado, permanente. É dinâmico, pois muda de acordo com a sociedade, a cultura, o momento histórico, as necessidades individuais e coletivas, não sendo, portanto, passível de encerramento categórico. Humanização, para o referido autor, é uma problemática que envolve pelo menos sete campos de determinação:

> O antropológico, o da cultura; ético, o do humanismo; político, o da cidadania; técnico sistêmico, o da qualidade, desdobrando cobertura, território, hierarquização e acesso aos níveis de atenção à saúde; técnico de serviço, o da qualidade de processos e produtos; estético, o da satisfação, desdobrando conforto, simplicidade, funcionalidade e beleza dos espaços; e psicossocial, o da satisfação, referente ao encontro significativo entre assistente, possuidor de alto poder simbólico, e assistido, vivendo situação-limite de fragilidade e vulnerabilidade. (Sampaio, 2000).

Essas dimensões podem contribuir para o estado humanizado, de acolher bem, de sentir-se respeitado, protegido, valorizado. Acolher significa receber com consideração e respeito, com interesse genuíno ao outro. O acolhimento é escutar, está mais em ouvir e menos em falar, mais na atenção e menos no fazer.

Na prática, a conciliação do avanço científico e tecnológico com o indivíduo, sua dignidade humana e a satisfação de suas necessidades parece ser o grande desafio das instituições de saúde na época atual (Capra, 1982). O hospital é o lugar no qual as pessoas são cuidadas e trabalham, constituindo espaço de aprendizagem e desenvolvimento das ações de promoção, prevenção e recuperação da saúde. Nesse contexto, vivencia-se um sistema psicossocial específico: sentimentos, esperanças, medos e incertezas são compartilhados. Em um hospital evidenciam-se momentos marcantes da vida humana, como o nascer e o morrer, quando o ser humano fica diante da sua vulnerabilidade, tornando-se frágil, desamparado e impotente, principalmente diante da finitude da vida. Esse momento é singular e único para cada pessoa.

Moreno (1959), o pai do psicodrama, refere-se ao ser humano como um ser cósmico que não se pode limitar aos domínios psicológicos, sociais ou biológicos da vida, pois ele é do Universo, responsável por todas as formas do ser e por todos os valores. O homem é dotado de espontaneidade, criatividade e sensibilidade desde sua origem, sendo estes recursos inatos, os quais favorecem a vida e a criação. Ele propõe uma aprendizagem da espontaneidade, pela ação, para salvar o indivíduo e a sociedade da ameaça da tecnificação. Esse conjunto dinâmico e complexo que constitui o humano precisa ser valorizado na atenção e gestão em saúde no cotidiano.

A espontaneidade permite que o potencial criativo se atualize e manifeste, possibilitando ao ser humano produzir uma nova realidade, a partir de algo que já é dado, alterando antigos hábitos e comportamentos que comprometem sua saúde, resgatando a autonomia e reafirmando a sua essência. O homem deve colocar-se como ser presente às situações, configuradas por relações afetivas e sociais, procurando transformar a si mesmo e a realidade na qual está inserto. Ele é, portanto, criador, ator e co-experimentador. Ao mesmo tempo que implica uma realidade, é implicado por ela no processo de construção de uma nova realidade mais adequada a si mesmo e às relações que estabelece com os outros e o meio.

Aplicando essa visão de homem à problemática da humanização, tem-se a possibilidade da criação de novas formas de participação dos profissionais e usuários e sua inclusão na melhoria da qualidade dos serviços hospitalares. A dimensão da subjetividade na forma como Moreno (1997) concebia o saudável do humano, nos aponta para a importância radical de seus fundamentos no processo de humanização e aplicação de sua metodologia para trabalhar as relações e a comunicação entre os atores dessa cena. Cada pessoa, profissional, equipe de trabalho e instituição terá seu processo singular de humanização.

A proposta de humanização dos serviços públicos de saúde apresenta-se, portanto, no momento, como uma estratégia para conquistar melhor qualidade no atendimento dos usuários e relacionamento humano. Na construção da cultura de humanização, de respeito e valorização da vida humana, cada hospital precisa aprofundar uma reflexão sobre o tema, descobrir e criar elementos de prática de gestão participativa, comprometer os gestores, participar na organização do sistema de saúde, promover políticas e práticas humanizadoras e criar o Grupo de Trabalho de Humanização (GTH).

Os Grupos de Trabalho de Humanização Hospitalar (GTHH) são espaços coletivos organizados, participativos e democráticos, que se destinam a empreender uma política institucional de reconhecimento da dimensão humana na assistência à saúde, em benefício dos usuários e dos profissionais de saúde.

O GTHH tem como funções difundir os benefícios da assistência humanizada; pesquisar e levantar os pontos críticos do funcionamento do hospital; propor uma agenda de mudanças que possam beneficiar os usuários e os profissionais da saúde; divulgar e fortalecer as iniciativas humanizadoras existentes; melhorar a comunicação e a integração do hospital com a comunidade.

Esses grupos devem ter participação eqüitativa de representantes das diferentes categorias profissionais, representantes dos usuários, campos disciplinares e graus hierárquicos da instituição, representantes da direção do hospital, da chefia dos setores e serviços, técnicos da área médica e não-médica e pessoal de apoio. A coordenação do GTHH deve ser escolhida democraticamente dentre as lideranças compromissadas com a idéia da humanização (PNHAH, 2002, p. 14). O GTHH tem o papel fundamental de facilitador, articulando os atores e apoiando as iniciativas existentes.

Cenário e contexto

O Hospital Geral Público no qual se desenrolou essa investigação psicodramática localiza-se na cidade de Fortaleza (CE) e realiza atendimento de maior complexidade (cirurgias, transplante renal etc.), sendo sua clientela 100% SUS de baixa renda. O hospital possui 282 leitos e um corpo de 2.200 funcionários, com diversos vínculos empregatícios (estaduais, federais, cooperativados, terceirizados e prestadores de serviços). Nos últimos dez anos o hospital vem desenvolvendo projetos para humanizar os cuidados e a gestão, tais como: (Re)construção – a melhoria a partir das pessoas; Buscando Melhor Qualidade de Vida, Grupo Operativo; Assistência Domiciliar (PAD), Educação de Adultos; Assistência Humanizada no Perioperatório da Enfermagem, Rim-Art e Revitalização Física e Tecnológica.

Em agosto de 2001 o hospital integrou o PNHAH, seguindo as estratégias definidas pelo Programa para o desenvolvimento da humanização: a sensibilização dos gestores, o mapeamento de todos os projetos, a pesquisa de satisfação dos usuários e a criação do GTHH.

Para constituir o grupo foram identificados os profissionais do hospital que desenvolviam projetos e ações considerados humanizadores. O grupo formou-se de enfermeira, bibliotecária, assistente social, psicóloga, pedagoga, auxiliar de enfermagem, fonoaudióloga, terapeuta ocupacional, fisioterapeuta, jornalista, técnico de segurança do trabalho. Os médicos, apesar de participarem no início da formação do GTHH, não continuaram no processo. Esse grupo constituiu-se no sujeito de estudo do trabalho apresentado neste capítulo, tendo em vista ser identificado como o principal agente a disseminar, divulgar, apoiar, dar visibilidade e sustentação ao processo de humanização.

Neste capítulo pretende-se introduzir o psicodrama como contribuição teórico-prática para a formação e o preparo do GTHH em hospitais, e construir novas metodologias para fortalecer a rede de humanização hospitalar.

Trajetória metodológica

O trabalho caracterizou-se em relato de experiência, na perspectiva psicodramática, tendo sido realizada uma Oficina de Humanização utilizando-se a metodologia psicodramática. A experiência é caracterizada pela participação das pessoas e pela possibilidade de expressão de sentimentos e percepções, dando oportunidade e voz ao profissional da saúde, um dos atores na humanização hospitalar. Trabalhou-se com a compreensão do conceito de humanização, a construção do perfil/treino do papel de facilitador e o planejamento das ações de intervenção no hospital.

Para Moreno (1997), o indivíduo é concebido e estudado por suas relações interpessoais, por isso criou a socionomia (do latim *sociu* = companheiro, grupo; e do grego *nomos* = regra, lei), destinando-se ao estudo das leis que regem o comportamento social e grupal. Desenvolveu ainda a sociodinâmica, que cuida do funcionamento dessas relações (método: *role-playing* ou jogo de papéis); a sociometria, cujo objetivo é medir as relações entre pessoas (método: teste sociométrico); e a sociatria, que trata da terapêutica das relações sociais (métodos: psicodrama, sociodrama e psicoterapia de grupo).

O método de estudo da sociodinâmica é o *role-playing* ou jogo de papéis, que permite ao indivíduo atuar dramaticamente em diversos papéis, desenvolvendo, assim, um papel espontâneo e criativo. A filosofia e a metodologia psicodramática atuam no sentido de resgatar os fatores vitais (espontaneidade, criatividade e sensibilidade), pela interação afetiva e com a ação transformadora sobre o meio, rompendo com padrões de comportamento estereotipados, valores e formas de participação que levem à automatização do ser humano.

A experiência da ação livre, isto é, espontânea, corresponde aos verdadeiros anseios da pessoa, conduzindo à própria realidade, sendo mais completa e totalizadora do que a palavra. Pretende-se, por meio da ação psicodramática, que o homem recupere sua espontaneidade, daí se dedicar a investigar o sentido da ação e seu valor terapêutico (Moreno, 1997).

A ação no psicodrama ocorre pela dramatização. Drama vem do grego, significando ação ou coisa feita. A dramatização é, pois, o método por excelência para o autoconhecimento, o resgate da espontaneidade e a recuperação de condições para o inter-relacionamento. Por meio da dramatização também é possível entrar em contato com conflitos inconscientes que vêm à tona pela ação dramática.

Gonçalves (1988, p. 19) comenta o pensamento de Moreno no tocante ao papel do psicodrama nas transformações pessoais e relacionais:

> No psicodrama, ele pressupunha que ainda sem submissão, encontrando-se com seu ser, em papéis imaginários ou correspondentes a funções assumidas dentro da realidade social, o indivíduo recuperava a capacidade de realizar transformações autênticas na sua vida, no relacionamento interpessoal e, até, na comunidade.

Por outro lado, Martín (1996) destaca duas características essenciais do método psicodramático: o sujeito, objeto da experimentação, atua de maneira espontânea, revelando sua subjetividade *in status nascendi*, como ato puro, e todos os participantes do experimento são ao mesmo tempo sujeitos da experimentação e experimentadores, terapeutas e pacientes.

Desse modo, todos aprendem pela expressão livre de si mesmos e interação no grupo. É neste pensar, fazer e sentir que o termo "oficina de humanização" foi utilizado, como um lugar onde se exerce um ofício, lugar de consertos, descobertas, reparos, lugar de vida, trabalho, descoberta e ação; realça o ser inteligente e sensível das pessoas (Araújo *et al.*, 1998, p. 5).

O trabalho foi realizado por meio da aplicação dos fundamentos e da metodologia do psicodrama, como jogo de papéis e teatro espontâneo, objetivando desenvolver formas mais criativas e inovadoras de lidar com os papéis desempenhados. Recorreu-se a outros recursos, como técnicas de relaxamento, músicas, textos de apoio, danças e jogos dramáticos, respeitando as fases de desenvolvimento e as necessidades do grupo, a fim de evitar o aumento a resistências e o desrespeito pelos participantes.

Com relação ao jogo dramático, sabe-se que o jogo existe desde os primórdios da humanidade, favorecendo o lúdico e a espontaneidade. No psicodrama apresenta muitas definições e interpretações, sendo, de modo geral, classificado em duas áreas, uma voltada ao campo terapêutico e outra ao aplicado.

Segundo Monteiro (1994), o jogo cria uma atmosfera permissiva, que dá condições ao aparecimento de uma situação espontânea e criativa no indivíduo, proporcionando-lhe a possibilidade de substituir respostas prontas, estereotipadas, por novas respostas. Busca o jogo alcançar um campo relaxado de conduta, como lembra Yozo (1996, p. 17): o jogo promove o lúdico, e é dramático pela proposta de trabalhar os conflitos que surgem. O jogo dramático, portanto, leva o indivíduo ou grupo a soltar-se, liberando sua espontaneidade e criatividade, desenvolvendo uma liberdade de ação e atuação no indivíduo, diminuindo as resistências para o desenvolvimento do trabalho proposto.

Os encontros foram realizados em ambiente fora do hospital para favorecer a integração e diminuir as interferências pelas solicitações dos profissionais. Criou-se um ambiente propício e agradável para o encontro, foram providenciadas faixas de boas-vindas e mensagens diárias de acolhimento e recepção, frases de reflexão e mensagens personalizadas, e os participantes foram orientados sobre o uso de roupas leves, que permitissem a liberdade de movimentos. Essa experiência será apresentada em quatro passos.

Primeiro passo: compreensão do conceito de humanização

No primeiro encontro buscou-se propiciar a criação de um campo relaxado para o grupo. No início foi favorecido o reconhecimento mútuo, pela apresentação dos membros, de forma espontânea e lúdica. As apresentações revelaram criatividade e destaque às características positivas uns dos outros. Predominavam as relações em corredor e no máximo uma triangulação nos momentos espontâneos. O grupo encontrava-se na fase da identidade do eu, caracterizada pela ponderação, aproximação de forma gradual, observação do seu próprio movimento e dos outros, conhecer, identificar-se, perceber sentimentos, conforme nos revelaram as falas dos profissionais:

> Gostei do modo lúdico como fui apresentada, acho que B. captou a minha essência. Sempre as pessoas me acham séria (fonoaudióloga).

> Fiquei feliz que testaram a minha qualidade de ser cooperativa, muita obrigada. Sou assim mesmo (auxiliar de enfermagem).

> Achei muito bom o aspecto ressaltado da espiritualidade, pois sou militante e geralmente me reconhecem por isso (jornalista).

Após a apresentação, a facilitadora possibilitou o levantamento das expectativas de todos, os desejos, receios/temores, assim como o que gostariam de dar e receber durante a oficina, estimulando a formulação do contrato de convivência. Percebeu-se pelas expectativas do grupo uma necessidade em trabalhar os aspectos mais éticos e comportamentais, ligados à superação do estresse, à cooperação no ambiente de trabalho, à relação positiva, à prática da humanização no hospital e, com menor ênfase, às necessidades de conhecimento conceitual.

No que tange ao aspecto de dar e receber, observou-se a presença de integração e solidariedade como o principal aspecto apontado pelo grupo, seguidos de calor humano, amor, amizade e respeito, o que vem corroborar um dos objetivos da oficina, que é desenvolver a integração entre os participantes e criar uma rede de apoio mútuo pelo respeito às diferenças. Uma reflexão sobre os valores do grupo foi feita a partir do conteúdo do que gostariam de dar e receber.

Foi sugerido por alguém do grupo que todos poderiam pensar, imaginar um conceito. A facilitadora aproveitou a oportunidade, então, e solicitou a todos que fechassem os olhos, relaxassem e deixassem que palavras, imagens e conceitos lembrando humanização viessem à mente. A partir daí deveriam escolher uma imagem que retratasse seu conceito de humanização. Foram favorecidos o compartilhar em pequenos grupos e a expressão de sentimentos sobre o encontro, que revelou esperança, relaxamento, alegria e mostrou-se produtivo, enriquecedor e revelador.

Segundo passo: vivenciando o conceito de humanização

A facilitadora solicitou aos grupos que se reunissem e partilhassem sua percepção sobre humanização, resgatando imagens, conceitos e sentimentos. Os participantes trabalhariam no contexto dramático suas impressões por meio de imagem corporal e de uma escultura moldada pelo corpo de cada um. Cada minigrupo aqueceu-se na montagem do cenário e do que queriam expressar, demarcando-se um espaço na sala para platéia ou auditório. Os participantes do auditório foram convidados a imaginar que estavam em um museu de arte no qual visitariam esculturas, nas quais eles deveriam observar sentimentos, palavras, o que percebiam que os artistas estavam querendo transmitir, anotando no quadro branco essas impressões.

Nessa etapa os grupos foram muito criativos, revelando-se como mais comum no conceito de humanização apresentado tratar o outro como você gostaria de ser tratado se estivesse na mesma situação, envolvendo aspectos predominantemente das dimensões ética, psicossocial, espiritual e interdisciplinar. Chamou-se a atenção para a questão da humanização envolvendo a consciência de si e do outro. Verificou-se que, ao buscar conhecer o conceito do que é humanizado, deparava com o que se caracteriza pela polidez, afabilidade, benevolência, assim como o que não se considera humanizado, o descaso, a descortesia. As duas faces fazem parte do estado humanizado da assistência prestada.

No compartilhar o grupo tendeu a verbalizar sobre a realidade vivenciada no hospital, sendo favorecido que expressassem suas queixas, pois elas refletiam a objetividade do contexto vivido por esses trabalhadores no hospital, os quais não possuem, em seu cotidiano, espaço para expressar sua fala de indignação ou suas emoções e sentimentos. A compreensão de que pela união conseguiriam atingir seus objetivos consistiu na síntese final produzida pelo grupo. Consideraram importante compartilhar o conceito, pois ajudaria a identificar no hospital o seu estado desumanizado, como algumas falas revelaram:

> O exemplo é muito bom para ser seguido pelos outros. Ser exemplo pelo comportamento é o melhor que podemos fazer (terapeuta ocupacional).

> Tivemos a preocupação pelo respeito para com o outro, mostrar o que sentimos em relação ao outro quando chega para nos pedir ajuda. É importante ter visão e ver a humanização como processo, de não passar uma imagem frágil, que temos

> que apoiar, dar segurança, ter flexibilidade com amor em tudo e se colocar no lugar do outro. Precisamos trabalhar o momento da escuta para com o outro. [...] De passar que a humanização não é só no lugar de trabalho, é também na família, na sociedade (psicóloga).

Dois grupos trouxeram a imagem do espelho em suas apresentações, enfatizando a percepção de si mesmos para perceber o outro de forma adequada. A facilitadora considerou importante proceder a uma leitura dinâmica do texto: do conceito de humanização do Manual PNHAH e do conceito de humanização trabalhado pela equipe da Regional Nordeste I, tendo sido considerados muito interessantes pelo grupo, despertando nesse momento a reflexão sobre a questão da tecnologia desumanizante e um alerta feito por um participante:

> Tivemos a oportunidade de observar que a percepção de cada um em relação à humanização é pessoal e singular. É importante, pois, perceber o que é humanização para o médico, o usuário, a direção, todos os envolvidos (terapeuta ocupacional).

Dando continuidade à sessão, estabeleceu-se uma relação entre o conceito elaborado pelo grupo e o perfil do facilitador do GTHH. O diretor solicitou que se formassem os grupos por cores, deixando a escolha aleatória. Cada grupo deveria fazer o contorno de uma pessoa na folha de papel e montar o perfil do facilitador com seus conhecimentos, suas habilidades e atitudes.

A integração do grupo e seu entrosamento lúdico neste momento possibilitaram maior interação, percepção de si/do outro, e mais aproximação mediante contato físico por meio de trabalhos em duplas, trios e quartetos. Alguns participantes se referiram à complementaridade das percepções:

> Era exatamente isso que nós quisemos transmitir, parece que vocês ouviram o que conversamos (fonoaudióloga).

TERCEIRO PASSO: O PAPEL DO FACILITADOR E AVALIAÇÃO DA OFICINA

No início das atividades propôs-se uma harmonização pelo silêncio a fim de favorecer a autopercepção. Foi lida a mensagem de reflexão do dia: "Vôo dos gansos", em leitura compartilhada. Os participantes estabeleceram algumas relações entre o conteúdo do texto e a humanização. Algumas dificuldades de trabalhar em equipe no hospital foram ressaltadas, como o isolamento entre os setores e as categorias, individualismo, falta da visão do todo, certa rivalidade entre as pessoas, o não-revezamento das tarefas pela onipotência ou subestimação da outra pessoa. Falou-se também do temor de trabalhar a humanização no hospital por sua grande dimensão. Um participante salientou que o grupo poderia pensar em trabalhar "pequenos bandos", tendo o cuidado de manter os elos e multiplicar as idéias e ações.

Na apresentação dos grupos quanto ao perfil do membro do GTHH, de maneira geral, enfatizaram as atitudes, em detrimento das habilidades e do conhecimento. Em alguns momentos consideraram a interdependência desses três fatores sem fazer separação entre eles: o conhecimento, relacionado a planejar e organizar os gastos, sabedoria, cultura; a habilidade na solução de problemas, trabalho em equipe (o mais citado), comunicação e qualidade; e um grande número de atitudes em: sonhar, usar a inteligência, interação, carinho, harmonia, leveza, confiança, solidariedade, união, visão integral, abertura para o novo, diálogo, ousadia, superação das dificuldades, controle emocional, pensar limpo, lembrar dos amigos, elogiar, amor, compaixão, cuidar da família, versatilidade, dar abraços, bom humor, delicadeza, qualidade de vida, disposição mental tranqüila e afetuosa, equilíbrio, compromisso, percepção do outro, escuta, transparência, coerência, serenidade, fé, raça, coragem, ternura, empatia, aceitação, alegria, compreensão, jogo de cintura, criatividade, companheirismo, cumplicidade, apoio, segurança, firmeza, resolubilidade, sensibilidade, fraternidade, ousadia, discernimento, moderação, energia, abertura de caminhos, seguir em frente e vencer obstáculos.

No compartilhar, as apresentações foram consideradas complementares umas das outras, embora com diferentes enfoques. Comentou-se que o grande problema no hospital é a comunicação (mídia e/ou gerências que não repassam informações). Destacou-se o individualismo das pessoas em setores e nelas mesmas, como características da cultura do hospital. Uma fisioterapeuta relatou que percebeu a própria capacidade e que o GTHH podia ajudar a direção do hospital, referindo ter aprendido a gerenciar, a fazer reuniões, e sentir-se mais integrada. No final, os participantes destacaram a complementaridade nas características elaboradas pelos vários grupos, a diferença de percepção entre as pessoas: era necessário respeitar as várias concepções e formas de ver e sentir os fenômenos humanos. Foi proposta uma auto-avaliação aos participantes em relação a conhecimento, habilidades e atitudes do facilitador, traçada pelo grupo, que refletiu sobre quais aspectos necessitariam de aperfeiçoamento.

Procedeu-se a uma retrospectiva do que havia sido trabalhado até aquele momento por meio da escolha dos participantes: dificuldades/problemas e facilidades/resolução no que tange ao desempenho do papel do facilitador. Pediu-se ao grupo das dificuldades que montasse uma cena do cotidiano do hospital com começo, meio e sem fim, que retratasse uma situação-problema. O grupo das facilidades ficaria atento, pois, em seguida, faria uma cena com a resolução da(s) dificuldade(s) apresentada(s).

A cena escolhida referia-se a uma cliente do interior que estava com problemas de inchaço na mama esquerda, já havia passado por vários serviços e chegara ao hospital acompanhada do marido. Encontrou um péssimo atendimento – muito barulho e confusão, desinformação dos serviços, mau recebimento pelos profissionais – e terminou sem ser atendida. O marido ameaçou chamar o Programa "Barra Pesada", gritando. A mulher chorou.

As personagens eram a cliente, o marido, o bebê, a enfermeira, o guarda, o médico, a pessoa da informação. Como o marido permanecia calado, o diretor utilizou a técnica do solilóquio para favorecer a expressão de seus sentimentos. Atuou também como duplo do papel desempenhado pela usuária, contribuindo para a manifestação de sua insatisfação e motivações.

Após a apresentação, o grupo das facilidades montou a cena resolvendo a problemática, desde a entrada no hospital até a saída da cliente com os medicamentos, enfocando principalmente a cordialidade, o correto encaminhamento da cliente dentro do hospital, as informações sobre seu problema de saúde. Ao final da cena proposta, o grupo considerou as dificuldades resolvidas de forma satisfatória.

No compartilhamento, o grupo das dificuldades relatou não ter gostado de estar desempenhando os papéis correspondentes, sobretudo o de guarda, porque era a barreira e só dizia não. A médica sentiu-se inoperante, impotente, e o pai do bebê pensou que a mulher não voltaria, que fariam alguma barbaridade com ela. O grupo das facilidades expressou ter se sentido bem quando da sua representação e observou o barulho, contrário ao silêncio da segunda apresentação. Ambos os grupos destacaram a falta de organização no hospital e a necessidade de trabalhar os profissionais, principalmente os médicos.

Observou-se que o grupo trouxe os problemas ligados ao desempenho do papel de facilitador, problemas que precisavam ser resolvidos no ambiente hospitalar, visando à humanização. Isso parece demonstrar o grau de preocupação desses profissionais com a melhoria das condições de atendimento no hospital e a necessidade de fazer acontecer mudanças.

Percebeu-se a criatividade na representação dos papéis. O grupo encontrava-se na terceira fase da matriz e agiu com desenvoltura e invertendo posições. Apesar de o grupo ter se sentido compensado na resolução dos problemas, considerou-se importante integrar as duas equipes novamente. Isso foi promovido pelo jogo dos balões. Cada pessoa recebeu uma bexiga, que deveria ser enchida e movimentada. Nessa etapa todos brincaram de forma lúdica com os balões, trocando-os entre si, tocando os balões com as várias partes do corpo. Estabeleceu-se, assim, um campo relaxado no grupo.

Quarto passo: planejamento das ações

Como forma de criar um clima de acolhimento no grupo, a facilitadora providenciou um botão de rosas para cada participante, com uma mensagem inspiradora, que foi compartilhada. Em seguida, propôs um círculo de harmonização, conduzindo o momento de cada um se dar conta dos respectivos sentimentos, pensamentos, do próprio corpo, e harmonizar-se com os outros. Foi proposto que cada pessoa poderia sugerir um movimento com o corpo, que seria acompanhado pelo grupo, de modo que todos participaram no relaxamento.

A facilitadora solicitou às pessoas que andassem pela sala e verbalizassem seus sentimentos naquele momento. Várias palavras foram pronunciadas: "o que será que vai acontecer", "aflito", "temeroso", "alegre", "relaxado", "desafio", "planejamento", "logo de manhã", "bom-dia" etc. O grupo mobilizava-se com desenvoltura, as pessoas cumprimentavam-se umas às outras de forma criativa, utilizando o corpo, fazendo mímica, caretas, dançando e se abraçando.

O planejamento das ações do GTHH consistiu em trabalhar com o grupo a vivência do que poderia ser transformado, realçado, eliminado ou mantido para humanizar as relações no hospital. Nesse momento alguém do grupo formou a palavra "trem" e fez uma analogia com o trem da humanização. A facilitadora solicitou quatro voluntários para cada uma das palavras. Prontamente eles se apresentaram. A facilitadora favoreceu uma escolha sociométrica, formando quatro grupos: transformar (grupo 1), realçar (grupo 2), eliminar (grupo 3) e manter (grupo 4), sendo mais procurado o primeiro grupo.

Os subgrupos deveriam pensar um jogo, uma imagem, músicas ou uma forma criativa que mostrasse o que precisaria ser transformado, realçado, eliminado e mantido no hospital com respeito à humanização, podendo envolver ou não a platéia na sua apresentação. As apresentações foram feitas por grupo com a preparação do espaço físico demarcando palco e platéia.

Grupo 1: transformar

O grupo iniciou com a dramatização de um nascimento. Encoberta numa espécie de ninho com almofadas, aos poucos a pessoa foi nascendo de debaixo das cobertas, até soltar um grito. Após o nascimento, outras pessoas do grupo representaram palavras escolhidas pelo grupo, que precisariam acontecer no hospital para transformar atitudes contrárias, por exemplo, maus-tratos dos funcionários para com os usuários: educação. Na seqüência foram: sonhar (nascer), acreditar, ter coragem, organizar, ousar, educar, envolver-se, agir com transparência, determinação e perseverança. Em todas as dramatizações o grupo inteiro foi envolvido nos movimentos, sendo ressaltado que todos precisavam se envolver na transformação:

> Estamos participando do nascimento de uma criança, do nascimento desta idéia da humanização. Para essa idéia nascer, precisa de várias atitudes, não é fácil transformar. Precisa ficar na peleja. Como educar é difícil (jornalista).

> Eu tenho muita fé e tudo que faço é baseado na minha mística. Tem um processo de desencantamento nas pessoas. As coisas boas existem, mas não estão na cabeça da maioria, por isso o negativo está tão presente. Precisa trabalhar a linguagem, atitude, postura (auxiliar de enfermagem).

No final encerraram com a música "O que é o que é?", de Gonzaguinha (CD *Performance*).

Grupo 2: Realçar

Este grupo apresentou uma dramatização que enfocou o aniversário do hospital, sugerindo que nessa ocasião os funcionários deveriam ser reconhecidos individualmente. Na visão dessa equipe, era preciso realçar os talentos humanos do hospital, tais como: evidenciar o papel social de cada funcionário, conscientizando-o sobre seu compromisso anteriormente assumido; realçar o profissional pela sua atuação no mês, por meio de critérios de satisfação dos colegas e dos usuários; destacar a atuação dos funcionários do HGF, enviando-lhes um cartão de reconhecimento por mais um ano de dedicação. Os profissionais explicam a importância de realçar o positivo no cotidiano do hospital:

> O hospital tem muita coisa boa, mas a gente não realça. Tem muita gente boa e falta a oportunidade de a pessoa ser reconhecida. As coisas boas são individuais, porque fulana fez. É preciso tentar multiplicar (pedagoga).

> Realçar o positivo. Se ficar muito no negativo, o negativo prevalece. Já sugeri fazer um Natal de todo o hospital este ano. Há resistência das pessoas em mudar. Há muita competição no hospital. Lá você tem que andar abaixo da média, porque, se você brilhar, falam mal de você e o prejudicam (fonoaudióloga).

Esse grupo finalizou sua apresentação com a música "Andar com fé", de Gilberto Gil (CD *Umbanda um*), e convidando a platéia para acompanhá-los numa dança e grande círculo.

Grupo 3: eliminar

Esse grupo apresentou uma dinâmica em que um dos membros do grupo estava acorrentado por dez nós em cordas de tecido que deveriam ser desatados pela platéia, de acordo com palavras selecionadas que expressavam "nós" a serem eliminados.

A cada palavra pronunciada, um dos membros da dupla narrava por que a tinha escolhido, tais como: DESOR-

GANIZAÇÃO – devia ser trabalhada com urgência para melhorar todo o andamento dos trabalhos no hospital; COMODISMO – havia um fator cultural do funcionário público de ir para a instituição só para receber o salário; INDIVIDUALISMO – faltava solidariedade entre as diversas categorias; INSEGURANÇA AMBIENTAL E FÍSICA – no sentido de que não havia livre acesso de ir e vir sem riscos, segurança para os funcionários e usuários; FALTA DE COMUNICAÇÃO – entre todas as pessoas a comunicação estava truncada ou as pessoas não estavam querendo ser informadas; INSTABILIDADE DO PRESTADOR DE SERVIÇOS – era necessário acabar com a insegurança e "forçar uma barra" para haver concurso público; FALTAS – roupa hospitalar, fraldas, termômetros, medicação, seringas, sondas, equipamentos eram o retrato do desperdício e do planejamento que vinha de fora do hospital; LONGAS FILAS E ESPERA PARA CONSULTA – era preciso acabar com este nó para que a população acreditasse na missão do hospital; DESINFORMAÇÃO – havia muitas reuniões, mas a informação concreta não chegava ao servidor. Na fala de um dos profissionais observou-se que essa dinâmica ajudou-o a perceber e concretizar os "nós invisíveis" que desumanizavam o ambiente hospitalar:

> Acho que um grande nó é o da comunicação/abordagem do profissional. Ainda há muito autoritarismo e é preciso ter cuidado com a comunicação não violenta. Gostei também, porque foi deixado um nó sem uma palavra, parecendo indicar que existem muitos nós além desses (jornalista).

O grupo finalizou expressando que ainda havia um nó a ser desatado, tendo sido desfeito pela dupla, e afirmou que era preciso acabar com todos os nós do hospital, e o processo de humanização era a oportunidade de tornar isso possível. Criaram uma música e convidaram todos a cantá-la:

> Se for para ir para luta, eu vou; se for para estar presente, eu estou; pois na vida da gente o que vale é o amor.

GRUPO 4: MANTER

Este grupo elaborou para sua apresentação a seguinte frase: "A chama acesa dos relacionamentos interpessoais com reciprocidade". Ela foi escrita no quadro e o grupo, à medida que se apresentava, passou a envolver as pessoas da platéia na representação da frase e finalizou no papel da chama.

O destaque foi para os relacionamentos que são, na opinião dos profissionais, um fator decisivo para o processo de humanização. O grupo ressaltou que é possível contagiar as pessoas do hospital para manter um trabalho harmonioso para o sucesso do que se faz, como um técnico de segurança do trabalho explicou:

> Acho que o hospital tem muita coisa boa. É preciso manter o principal, o relacionamento.

O grupo refletiu ainda sobre a necessidade de ficar atento para não rotular as pessoas e não alimentar preconceitos, que se cristalizavam nas relações, assim como ficar vigilante quanto aos julgamentos, devendo buscar as informações, em vez de só esperar que fossem até a pessoa.

O grupo mostrou-se interessado pela temática, foi congruente no compartilhar, evitou as lamentações e assumiu a responsabilidade. Definiu comunicação e relacionamento como palavras-chave para serem trabalhadas e três áreas do hospital como prioridades: emergência, ambulatório e recepção na área de internação.

Para a construção do Plano de Ação, a primeira ação priorizada pelo grupo foi a sensibilização, divulgação e comunicação no hospital do programa de humanização e do GTHH. Aos poucos o GTHH iria se inserindo nos grupos e nas áreas prioritárias.

A facilitadora propôs a avaliação da Oficina, favorecendo um círculo de harmonização e uma retrospectiva mental de todo o trabalho realizado até aquele momento. Cada participante poderia expressar seu sentimento ou o que a Oficina tinha representado para si mesmo. Os participantes se referiram ao trabalho manifestando-se assim:

> Estou com muitas expectativas.
> Estou doida para ver as coisas acontecer.
> Foi muito bom, pois me sinto mais integrada.
> Aprendi muitas coisas boas, pude ver quanto temos talento.

O momento de despedida ocorreu com um círculo de integração e a expressão das pessoas sobre quanto tinha sido dinâmica e produtiva a Oficina. Um abraço de confraternização encerrou as atividades.

Algumas reflexões

A aplicação da metodologia psicodramática ao GTHH permitiu a vivência desse conceito pelos membros e trouxe-lhes principalmente a visão de "tratar o outro como gostaria de ser tratado se estivesse no seu lugar", ressaltando o espelho como forma de reconhecimento de si mesmo a partir do outro. A união e o trabalho em grupo surgiram como a necessidade mais emergente no cotidiano do hospital para facilitar o processo de humanização, diminuindo o corporativismo e o personalismo e aumentando ações socializadas e coletivas.

Os profissionais consideram um desafio o papel de facilitador desse processo, pois humanização é singular, sendo importante o GTHH buscar conhecer e favorecer a reflexão em torno desse conceito, num hospital, para usuários e trabalhadores. Esse processo no hospital deverá contemplar a criação de espaços de comunicação e autonomia nas relações, favorecendo o diálogo e a expressão de insatisfações, a reflexão das situações e dos sentimentos que envolvem as relações no cotidiano, e possibilitar o exercício pleno da cidadania.

O GTHH como facilitador da humanização no hospital apontou ainda algumas sugestões para que a cultura do respeito ao ser humano e a dignidade sejam fortalecidas: valorização dos profissionais, maior organização dos serviços, superação do comodismo e do individualismo, segurança para profissionais e usuários, política de recursos humanos, melhoria da informação/comunicação e das condições de trabalho e abastecimento do hospital como um todo.

A Oficina de Humanização, com base na vivência psicodramática, permitiu ao grupo perceber as facilidades e dificuldades no enfrentamento da questão da humanização no hospital; a revisão de expectativas; o diagnóstico da realidade e a construção do plano estratégico, no qual tratarão de atuar como agentes de transformação da cultura arraigada de predomínio da técnica sobre o humano, na perspectiva de superação da visão fragmentada, para a integração dos conceitos indissociáveis de uma mesma realidade. Em vez de receber somente a informação descritiva das suas funções, o grupo pôde elaborar suas expectativas e seus temores mediante o treino de papéis; apropriar-se de suas idealizações com relação ao conceito de humanização e ao papel de membro do GTHH; e perceber, com maior objetividade, as possibilidades e os limites dessa tarefa.

A dramatização vivenciada atuou como fator libertador, possibilitou integrar novos conceitos, favorecendo a integração grupal e a catarse pessoal, ajudou a obter a resposta adequada. Essa qualidade de espontaneidade é muito importante, tendo em vista que a humanização é única para cada hospital. Ela estimulou a espontaneidade criadora dos membros do GTHH na atuação como atores, experimentadores e autores no desafio de (re)humanizar o atendimento em saúde no hospital. É preciso uma ação espontânea adequada a cada situação em que uma medida de afeto, solidariedade, certo grau de racionalidade, criatividade e criticidade possibilitem o saudável e a ética nas relações humanas para a melhoria da assistência em saúde.

A interação dos membros do grupo foi um importante resultado apontado para a continuidade e união de esforços: não apenas a chama dos relacionamentos mantida acessa ajudaria a todos, como também a mesma intencionalidade nos objetivos definidos.

A teoria e a vivência psicodramática contribuíram para o fortalecimento das relações interpessoais, facilitando as tarefas de diagnóstico, acompanhamento e planejamento executado pelo GTHH. A Oficina de Humanização foi essencial para sensibilização e transformação dos profissionais, incentivando-os a resgatar o humano, ver o lado positivo, enxergar os "nós invisíveis", que, entre outras coisas, desumanizam o cuidado no hospital. Essa Oficina pode ser multiplicada no próprio hospital ou modificada e utilizada em outros contextos institucionais. É necessário, portanto, uma busca incansável de metodologias criativas, participativas e críticas que possibilitem o resgate e a reinserção do ser humano: o "bem" mais precioso no ambiente hospitalar.

REFERÊNCIAS BIBLIOGRÁFICAS

ARAÚJO, M. F. M. *et al. Portfólio*: como trabalhar com métodos de oficinas. Fortaleza, 1998. Mimeografado.

BOFF, L. *Saber cuidar*: ética do humano – compaixão pela terra. 2. ed. Petrópolis: Vozes, 1999.

CAPRA, F. O modelo biomédico. In: ________. *O ponto de mutação*: a ciência, a sociedade e a cultura emergente. São Paulo: Cultrix, 1982. p. 116-55.

CEMBRANELLI, F. *Um projeto de humanização*: para que, para quem? São Paulo: Comitê Técnico de Humanização, 2000.

GONÇALVES, C. S.; WOLFF, J. R.; ALMEIDA, W. C. *Lições do psicodrama*. 2. ed. São Paulo: Ágora, 1988.

HUMANIZASUS. *Política nacional de humanização*: documento base para gestores e trabalhadores do SUS. Brasília: Ministério da Saúde, 2004. Secretaria Executiva, Núcleo Técnico da Política Nacional de Humanização.

MARTÍN, E. G. *Psicologia do encontro*: J. L. Moreno. São Paulo: Ágora, 1996.

MINISTÉRIO DA SAÚDE. *Manual PNHAH*. Brasília: Ministério da Saúde, 2002.

MONTEIRO, R. F. *Jogos dramáticos*. 4. ed. São Paulo: Ágora, 1994.

MORENO, J. L. *Psicodrama*. São Paulo: Cultrix, 1997.

________. *Psicoterapia de grupo e psicodrama*: introdução à teoria e à práxis. São Paulo: Mestre Jou, 1959.

PNHAH. *Relatório Parcial* – 1ª Fase do Programa Nacional de Humanização Hospitalar Equipe da Regional Nordeste I, 2002.

SAMPAIO, J. J. C. *Saúde e educação*: serviços à humanidade. 2000. Mimeografado.

YOZO, R. Y. *100 jogos para grupos*: uma abordagem psicodramática para empresas, escolas e clínicas. São Paulo: Ágora, 1996.

TEXTOS CONSULTADOS

CREMA, R. *Saúde e plenitude*: um caminho para o ser. São Paulo: Summus, 1995.

CUKIER, R. *Palavras de Jacob Levy Moreno* – vocabulário de citações do psicodrama, da psicoterapia de grupo, do sociodrama e da sociatria. São Paulo: Ágora, 2002.

FEITOSA, L. *Humanização nos hospitais*. Fortaleza: Livro Técnico, 2001.

FONSECA, J. *Psicoterapia da relação*: elementos do psicodrama contemporâneo. São Paulo: Ágora, 2000.

GOMES, A. M. A.; ARORA, H. L. Humanização das relações interpessoais no cotidiano hospitalar. *Rev. Bras. de Psicodrama*, São Paulo, v. 9, n. 2, p. 125-34, set. 2001.

KLEINMAN, A. *The illness narrative: suffering, healing & the human condition*. Nova York: Basic Books, 1988.

MEZOMO, J. C. *Hospital humanizado*. Fortaleza: Premius, 2001.

4

O PSICODRAMA SOCIOEDUCACIONAL NA CAPACITAÇÃO DE PROFISSIONAIS DE SAÚDE

VITÓRIA PAMPLONA
MARIA CECÍLIA VELUK DIAS BAPTISTA

O TEMA

Este capítulo trata da aplicação do psicodrama socioeducacional no âmbito do Programa Nacional de Humanização Hospitalar (PNHAH), do Ministério da Saúde, durante seu Projeto Piloto e suas fases 1 e 2, de 2000 a 2003, nos Estados do Rio de Janeiro e Espírito Santo.

RELEVÂNCIA DO TEMA

Até o século XVIII o hospital cumpria a função de isolar doentes pobres, moribundos e andarilhos do meio social, escondendo o incômodo, disciplinando os corpos e guardando-os até a morte. As elites adoeciam e morriam em casa, assistidas pelos médicos. A transformação desse tipo de hospital até os dias de hoje, em que ele é o cenário privilegiado da tecnologia médica, foi um processo lento, tortuoso e complexo (Pitta, 1994).

Se nos dias atuais a morte ocorre muito menos em casa que no hospital, este não é o lugar aonde se vai para morrer, mas para onde se é levado para lutar contra a morte até as últimas conseqüências. O hospital é, pois, um local de doença, dor e morte não só para a clientela que o procura, mas também para os profissionais que aí trabalham.

No âmbito do Sistema Único de Saúde (SUS) do Brasil, no qual se situa o trabalho que ora relatamos, os hospitais são freqüentados fundamentalmente pela classe popular, que não tem condições de acesso a médicos e hospitais privados nem possui planos particulares de assistência à saúde.

Ainda que na organização dos SUS, salvo os hospitais de emergência, os demais devam ser procurados apenas após encaminhamento pelos profissionais dos Centros e Postos de Saúde da rede básica, isso não ocorre. Devido às carências de pessoal na rede básica, os hospitais sofrem demanda espontânea, o que gera graves problemas no acesso ao atendimento. A porta de entrada constitui grande problema para a maioria dos hospitais públicos, que enfrentam outros, como carência de pessoal, de leitos, de equipamento e material.

Embora o hospital possa ser para o doente um lugar de conforto, por ver-se ali tratado, e de esperança de cura, é sempre também para si e para sua família um lugar de luta contra a dor e a perspectiva de morte, de finitude. Do mesmo modo, para os profissionais que aí trabalham, pode ser um lugar de realização e crescimento profissionais, mas é indubitavelmente um local de tensão, sofrimento e até de adoecimento.

Pitta (1994, p. 62) cita as conclusões de um trabalho da psicanalista I. Menzies, traduzido e adaptado por Arakcy Martins Rodrigues, realizado em um hospital de 700 leitos em Londres:

> A situação de trabalho suscita sentimentos muito fortes e contraditórios na enfermaria: piedade, compaixão e amor; culpa e ansiedade; ódio e ressentimento contra os pacientes que fazem emergir estes sentimentos fortes, inclusive inveja ao cuidado oferecido ao paciente.

Pitta também se refere ao fato de o trabalho em hospital ser contínuo, exigindo plantões e turnos noturnos, o que funciona como fator de adoecimento de dupla forma: em primeira instância, invertendo os sincronizadores individuais em relação aos demais sincronizadores sociais, prejudicando os ritmos circadianos, e trazendo desordens nas esferas biológica, psicológica e social para esses trabalhadores e suas famílias; em outra instância, abrindo a perspectiva de duplos empregos e jornadas de trabalho, comuns entre os trabalhadores de saúde devido aos baixos salários, acarretando aumento de carga de trabalho e, conseqüentemente, sérios prejuízos à sua saúde física e mental.

Mesmo que a maioria desses trabalhos se refira aos médicos e à enfermagem, muitas dessas situações são partilhadas por todos os trabalhadores de uma unidade hospitalar: de porteiros e seguranças a maqueiros, serventes, técnicos diversos (de laboratório, de raios X etc.), nutricionistas, assistentes sociais, psicólogos etc.

> O risco de ser invadido por ansiedade intensa e incontrolada está presente na própria natureza do trabalho e certamente atenuada ou estimulada pelo próprio processo tecnológico do trabalho no hospital (Pitta, 1994, p. 65).

São então desenvolvidos mecanismos de defesa, estruturados socialmente, que se tornam parte da realidade externa com a qual os membros da instituição devem entrar em acordo. Pitta, citando Menzies, diz que essas defesas podem ser classificadas, de forma esquemática, em:

1) fragmentação da relação técnico–paciente, isto é, parcelamento das tarefas visando diminuir o tempo de contato do técnico com o doente, para que o relacionamento não se torne estreito e surja a possibilidade de o técnico experimentar mais angústia;
2) despersonalização e negação da importância do indivíduo, isto é, tratamento idêntico para todos os pacientes, que são muitas vezes identificados apenas por números ou nome da patologia e vestem todos, tanto técnicos como doentes, uniformes que escondem a individualidade;
3) distanciamento e negação de sentimentos: desde a formação, os técnicos são treinados para controlar os sentimentos e suas manifestações;
4) tentativa de eliminar decisões, pela padronização de condutas e rotinas, cumprindo uma função de minimizar o discernimento individualizado de cada profissional de planejar seu trabalho, visando reduzir ansiedades;
5) redução do peso da responsabilidade: o parcelamento e a fragmentação das tarefas de cuidados aos doentes, por uma série de verificações e contraverificações, possibilitam a fuga da angústia da responsabilidade e decisão (Pitta, 1994).

A estruturação social dos mecanismos de defesa na instituição compõe uma ordem que, entretanto, possibilita negociações. Menzies, citada por Pitta, afirma que "a estrutura formal e o sistema de papéis não logram definir de maneira suficientemente clara quem é responsável pelo que e por quem" (Pitta, 1994, p. 67).

Em estudo realizado em um hospital psiquiátrico nos Estados Unidos, Anselm Strauss e outros afirmam que as regras na instituição podem ser flexibilizadas, negociadas, questionadas, tanto ignoradas como aplicadas nos momentos convenientes; não é possível ter respostas gerais, é preciso ter um olhar específico para cada situação. Os autores ponderam que, tanto no hospital como em qualquer outro lugar, regras não são prescrições universais e sempre requerem julgamento sobre sua aplicabilidade em cada caso em particular. O tempo todo surgem questões sobre as regras, como: aplica-se neste caso? A quem? Em que grau? Durante quanto tempo? Com que sanções? Não se podem dar respostas universais. É possível apenas apontar situações análogas no passado e dar respostas exemplificativas quando se confrontam situações específicas ou se questionam aplicações futuras da regra (Strauss *et al.*, 1992).

Em 1974, Herbert J. Freudenberger foi o primeiro autor a utilizar a denominação "síndrome de burn-out" em seu trabalho *Staff burn-out* para alertar a comunidade científica dos problemas que sofriam os trabalhadores de saúde em função de seu trabalho. Desde então têm se multiplicado trabalhos que colocam essa síndrome como um quadro de estresse específico, ligado à situação ocupacional e institucional de profissionais que mantêm relação constante e direta de cuidados e ajuda a outras pessoas.

Leis brasileiras de auxílio ao trabalhador já contemplam essa síndrome. O Decreto n.º 3.048/99, de 6 de maio de 1999, dispõe sobre a Regulamentação da Previdência Social; em seu Anexo II, trata dos Agentes Patogênicos causadores das Doenças Profissionais, conforme previsto no art. 20 da Lei n.º

8.213/91, e refere-se aos transtornos mentais e do comportamento relacionados ao trabalho (Grupo V da CID-10). No inciso XII aponta a Sensação de Estar Acabado ("Síndrome de Burn-out", "Síndrome do Esgotamento Profissional") (Z73.0).

Segundo Ana Maria T. Benevides-Pereira (2002) existem quatro diferentes concepções teóricas sobre o burn-out:

- concepção clínica: a síndrome é caracterizada por fadiga mental e física, falta de entusiasmo pelo trabalho e pela vida, sentimento de impotência e inutilidade, baixa auto-estima, chegando a levar o profissional à depressão e até mesmo ao suicídio. Seu autor mais representativo é o psicanalista Freudenberger, que vê a síndrome como um estado com características individuais e não um processo;
- concepção sociopsicológica: enfatiza que aspectos individuais associados às condições e às relações de trabalho formam uma constelação que provoca o aparecimento de fatores multidimensionais da síndrome como: exaustão emocional (sensação de não dispor de energia para nada), despersonalização (contato frio e impessoal com os usuários de seus serviços, cinismo e ironia, indiferença) e reduzida satisfação pessoal no trabalho (baixa auto-estima, sentimento de insuficiência e de fracasso profissional);
- concepção organizacional: coloca as dimensões apresentadas na síndrome (exaustão emocional, despersonalização e reduzida realização pessoal no trabalho) como mecanismos de enfrentamento dos agentes estressores organizacionais;
- concepção socioistórica: esta vertente prioriza a competitividade e o individualismo da sociedade, mais do

que os fatores pessoais e institucionais, no aparecimento da síndrome.

Existem três tipos de programas de prevenção da síndrome de burn-out:

- os centrados na resposta do indivíduo: focalizam a intervenção nas respostas das pessoas diante das situações negativas ou estressantes, sem interferir no contexto ocupacional. Pode incluir atividades artísticas, ioga, musicoterapia, relaxamentos diversos e esportes, como formas de diminuição do estresse;
- os centrados no contexto ocupacional: focalizam a mudança da situação em que se desenvolvem as atividades, principalmente nos aspectos relativos à organização;
- os centrados na interação do contexto ocupacional e do indivíduo: procuram combinar os dois níveis anteriores.

No Programa Nacional de Humanização da Assistência Hospitalar (PNHAH) procurou-se a humanização de forma global, incluindo em seus objetivos tanto a melhoria do atendimento aos usuários do SUS e à comunidade em geral como a humanização das condições de trabalho dos profissionais de saúde. Em relação a esses profissionais desenvolveram-se ações dos três tipos citados, portanto teve-se a preocupação de cuidar do cuidador.

Notamos que ao avanço tecnológico e científico não correspondeu um avanço nas relações profissionais de saúde e clientela nem na relação profissional de saúde e contexto de trabalho. Kaufman (1992, p. 42) enfatiza que tão importante quanto a presteza do diagnóstico e a terapêutica correta para o sucesso de um tratamento é a qualidade do vínculo entre médico e paciente e, citando Balint, que aponta a personalidade do médico como a "primeira droga" administrada aos pacientes, afirma que "por isso o médico tem necessidade de conhecer melhor seus objetivos e seus próprios limites".

Essa afirmativa pode ser feita em relação aos demais profissionais de saúde que lidam diretamente com a doença nos seus aspectos biopsicossociais, como enfermeiros, técnicos e auxiliares de enfermagem, fisioterapeutas, psicólogos, assistentes sociais, fonoaudiólogos etc. e, *mutatis mutandis*, também em relação aos demais profissionais que atendem diretamente o doente como porteiros, recepcionistas, maqueiros, técnicos de raios X etc.

Maria Tereza Maldonado e Paulo Canela (1978, p. 227) traçam um retrato da relação médico–clientela nas instituições públicas em nosso país, no que diz respeito ao atendimento em ginecologia e obstetrícia:

> A relação médico–cliente na instituição é estruturada a partir da relação médico–instituição. [...] A dominação, a pressão, o achatamento e o rigor hierárquico formam a tônica do funcionamento da instituição. Esse clima transparece de modo mais ou menos evidente, pode ser mais ou menos atenuado, mas está sempre presente. O médico é autoritário com a cliente, assim como a instituição é autoritária com ele. [...] Assim como o corpo clínico não tem direito de escolher seu diretor nem de influir significativamente nas orientações médicas e administrativas, a cliente tampouco tem direito de escolher o médico que a atenderá e muito menos as condições deste atendimento. Portanto, assim como a cliente precisa submeter-se para receber atendimento da instituição, também o médico precisa submeter-se para manter seu emprego, mesmo em condições insatisfatórias. Obviamente, essa submissão forçada gera res-

sentimento, resistência e "guerra fria", comumente expressos pelas tentativas de sabotar o trabalho, atender de má vontade e hostilizar a cliente, o que indubitavelmente contribui para a prática médica ruim.

Esses autores constatam que a iatropatogenia do atendimento médico deve-se igualmente a outros fatores como a diluição da responsabilidade, que creditam em parte à necessidade de encaminhar a cliente para setores especializados e à intercomunicação deficiente entre esses setores, e também aos rodízios e plantões, que impedem a mulher de ser sempre atendida pelo mesmo médico.

Pamplona (1990) constata a iatropatogenia do atendimento médico a gestantes, parturientes e puérperas, na rede pública, baseada em uma tríplice qualificação/submissão da cliente:

1) como doente, mesmo quando não apresenta nenhum problema de saúde e apesar de o ciclo de gravidez, parto e puerpério em si não constituir doença, mas expressão de saúde e vida;
2) como mulher, devido à cultura patriarcal ainda reinante, com o padrão de dominação homem–mulher;
3) como membro de uma classe social diferente da do médico, de quem freqüentemente não entende o linguajar.

A despersonalização e a desumanização do atendimento são fatores de agravamento do quadro do doente e de adoecimento do cuidador, além dos outros fatores como trabalho em turnos e acúmulo de empregos e carga horária, no que diz respeito ao profissional de saúde.

Todo esse quadro descrito faz parte do modelo tecnocrático de medicina. Ricardo Jones (2004, p. 9-11), traduzindo um material elaborado por Robbie Davis-Floyd e Gloria St. John, compara os princípios tecnocráticos, humanístico e holístico de medicina:

Modelo tecnocrático de medicina	*Modelo humanístico (biopsicossocial) de medicina*	*Modelo holístico de medicina*
Separação mente–corpo	Mente e corpo como uma unidade	Corpo, mente e espírito como uma unidade
O corpo é visto como uma máquina	O corpo é visto como um organismo	O corpo é um sistema de energia ligado com outros sistemas de energia
O paciente é visto como um objeto	O paciente é visto como sujeito relacional	Cura a pessoa "inteira", no contexto de sua vida como um todo
Alienação entre médico e paciente	Conexão e afetividade entre profissional e paciente	Médico e paciente como uma unidade essencial
Diagnóstico e tratamento de fora para dentro (curando doenças, reparando disfunções)	Diagnóstico e tratamento de fora para dentro e de dentro para fora	Diagnóstico e cura de dentro para fora
Organização hierárquica e padronização do atendimento	Equilíbrio entre as necessidades da instituição e as do indivíduo	Estrutura organizacional em rede, que facilita a individualização do atendimento

Modelo tecnocrático de medicina	*Modelo humanístico (biopsicossocial) de medicina*	*Modelo holístico de medicina*
Autoridade e responsabilidade inerentes ao médico, não ao paciente	Informação, tomada de decisões e responsabilidade compartilhadas entre profissional e cliente	Autoridade e responsabilidade inerentes a cada indivíduo
Supervalorização da ciência e da tecnologia	Ciência e tecnologia contrabalançadas com humanismo	A ciência e a tecnologia são colocadas a serviço do indivíduo
Intervenção agressiva com ênfase em resultados no curto prazo	Focalização na prevenção das doenças	Focalização que objetiva criar e manter a saúde no longo prazo
A morte é encarada como uma derrota	A morte é encarada como resultado aceitável	A morte é encarada como uma etapa de um processo
A cura é o foco principal	Cuidado compassivo	A cura é o foco principal
Admitem-se várias modalidades de cura	Mente aberta diante de paradigmas alternativos de tratamento	Admitem-se várias modalidades de cura
Princípio básico subjacente: separação	*Princípio básico subjacente:* equilíbrio e conexão	*Princípio básico subjacente:* conexão e integração
Tipo de pensamento: unimodal, cerebral esquerdo, linear	*Tipo de pensamento:* bimodal	*Tipo de pensamento:* multimodal, cerebral direito e fluido

Embora possamos discordar de alguns pontos dessa descrição, acreditamos que uma junção do modelo humanístico com o holístico constituiria uma forma ideal de atendimento à saúde.

Esse quadro de despersonalização e desumanização, freqüentemente encontrado em nossas instituições hospitalares, especialmente as públicas, que gera tensões nas relações entre profissionais e clientela, foi certamente o motivo de o mau relacionamento no atendimento ter sido a queixa principal em pesquisa de satisfação do usuário realizada pelo Ministério da Saúde em 1998.

Essa constatação levou o Ministério a solicitar, em 1999, a formação de um Comitê Técnico de Humanização da Assistência Hospitalar, visando elaborar um projeto piloto, e posteriormente um Programa Nacional de Humanização da Assistência Hospitalar, que foi criado em junho de 2001, orientado pelos resultados obtidos no projeto piloto.

O público-alvo do PNHAH compreende todos os usuários e todos os trabalhadores do SUS e pretende atingir este público-alvo em fases, sendo a primeira o projeto piloto que se realizou em dez hospitais de diferentes portes e características, em vários locais do território nacional.

A fase 1 do PNHAH atingiu 94 hospitais da rede SUS, 27 secretarias estaduais e 31 secretarias municipais, distribuídos nas diferentes regiões do país, e trabalhou diretamente com um contingente de 300 profissionais de saúde, que faziam parte dos Grupos de Trabalho de Humanização (GTH) nessas diversas instâncias.

Na fase 2 foram incluídos mais 441 hospitais e 58 novas secretarias municipais de saúde e 1.114 novos profissionais (PNHAH, 2003).

A seguir, apresentaremos o emprego do psicodrama na região Sudeste na fase 1, que contou com nove hospitais do

Rio de Janeiro e dois do Espírito Santo e, na fase 2, com 43 hospitais do Rio de Janeiro e 11 do Espírito Santo.

Objetivo geral

O objetivo geral do Programa Nacional de Humanização da Assistência Hospitalar foi a melhoria da qualidade e da eficácia da assistência hospitalar, aprimorando as relações entre profissional de saúde e usuário, dos profissionais entre si e do hospital com a comunidade, implantando uma cultura de humanização como valor de resgate do respeito à vida humana, abrangendo aspectos socioculturais, éticos, educacionais e psíquicos presentes em todo relacionamento humano, com caráter complementar aos aspectos técnico-científicos que privilegiam a objetividade, a causalidade e a especialidade do saber.

Objetivos específicos

Tanto no projeto piloto como durante as fases 1 e 2 do PNHAH, quando utilizamos a metodologia psicodramática socioeducacional, os objetivos específicos foram:

- sensibilizar as diversas instâncias de profissionais de saúde para o tema da humanização do atendimento, de secretarias estaduais e municipais a direções dos hospitais e de seus setores, bem como de todas as respectivas categorias profissionais;
- capacitar os profissionais dos hospitais para um novo conceito de assistência à saúde, que valoriza a vida humana e a cidadania;
- identificar, dentre os profissionais, as lideranças dispostas a trabalhar em prol da humanização;

- constituir grupos de trabalho de profissionais para implantação do programa, de natureza polissetorial;
- fortalecer e articular todas as iniciativas de humanização já existentes na rede hospitalar pública;
- conceber e implantar novas iniciativas de humanização dos hospitais que venham a beneficiar os usuários e os profissionais de saúde;
- inserir os usuários por meio de seus Conselhos Municipais e Estaduais de Saúde no âmbito do programa;
- estimular a realização de parcerias e intercâmbio de conhecimento e experiências nessa área;
- desenvolver um conjunto de indicadores de resultados e sistemas de incentivos ao tratamento humanizado;
- modernizar as relações de trabalho no âmbito dos hospitais públicos, tornando as instituições mais harmônicas e solidárias, de modo a recuperar a imagem pública dessas instituições perante a comunidade.

O critério de inclusão dos hospitais na fase 1 foi o fato de já participarem de outras ações do Ministério da Saúde que apresentavam sinergia com a humanização, no caso específico, os Centros Colaboradores para Qualidade da Gestão e Assistência Hospitalar e os ganhadores do Prêmio Galba Araújo de Humanização do Parto. Participavam dessa fase as Secretarias de Estado de Saúde e as Secretarias Municipais de Saúde dos municípios de gestão plena do SUS.

Metodologia utilizada

Pensemos o psicodrama em relação a alguns pontos do PNHAH, sendo o principal deles seu objetivo de humanizar as relações, tanto entre profissionais e usuários como entre os profissionais. Relações humanizadas são aquelas em que o Outro é visto como um Tu e não como Isso, são relações não reificadas – são, portanto, relações em que os papéis são exercidos de forma espontânea e criativa.

Contudo, como já vimos, a realidade hospitalar, ao lidar com a dor e a morte, suscita fortes sentimentos contraditórios, que provocam ansiedade, para a qual, como defesa, são então desenvolvidos mecanismos estruturados socialmente em regras e rotinas que despersonalizam, reificam e, portanto, desumanizam as relações.

Segundo Moreno (1997, p. 113):

> todo papel é uma fusão de elementos privados e coletivos. [...] Um papel compõe-se de duas partes: o seu denominador coletivo e seu diferencial individual.

As regras e rotinas hospitalares constituem o denominador coletivo do papel a ser desempenhado por profissionais e usuários, mas, sempre que depara com um novo papel social, o indivíduo começa a experimentá-lo, aderindo, com maior ou menor fidelidade, ao papel socialmente prescrito, dependendo do *feedback* que recebe em seu desempenho. Moreno (1997, p. 113) distingue

> adoção de papéis, que seria a adoção de um papel acabado e plenamente estabelecido, o qual não permite variação alguma ao indivíduo, grau nenhum de liberdade; a representação de papéis (*role-playing*), que permite ao indivíduo um certo grau de liberdade; e criação de papéis (*role-creating*), que permite ao indivíduo um alto grau de liberdade.

Parece-nos que essa divisão estabelecida por Moreno entre adoção, representação e criação de papéis foi feita mais para fins didáticos, pois o próprio Moreno inicia esse texto dizendo, como já citamos, que todo papel tem seu denominador coletivo e seu diferencial individual. Ora, se todo papel tem seu diferencial individual, não existe nenhuma adoção de papéis de forma total. Isso é o que afirmam, em outras palavras, Anselm Strauss e colaboradores quando dizem que as regras, tanto em hospitais como em outros contextos, não conseguem ser prescrições universais, mas sempre requerem julgamento a respeito de sua aplicabilidade em cada caso específico.

O conceito de papel formulado por Moreno (1997, p. 27) e mais freqüentemente citado – "papel é a forma de funcionamento que o indivíduo assume no momento específico em que reage a uma situação específica, na qual outras pessoas ou objetos estão envolvidos" – coloca essa característica do papel de se constituir em cada momento de forma diferente, dependendo da situação e da reação específicas de quem atua no contrapapel, sendo, portanto, dinâmico, em maior ou menor grau.

Dito de outra forma, cada papel pode ser exercido com maior ou menor grau de espontaneidade, tomando-se espontaneidade na concepção moreniana de resposta adequada a uma nova situação ou de resposta nova e igualmente adequada a uma nova situação (Moreno, 1997).

O conceito de adequação na teoria moreniana, se bem que não explícito textualmente, supõe (como já mencionado) não uma conformação a um *status quo*, mas uma relação em que o Outro é visto como Tu e não como Isso. Supõe, portanto, uma relação humanizada e não reificada. Se a resposta é nova, mas não adequada no sentido de promover o encontro entre os homens, de promover o bem comum, trata-se de uma patologia da espontaneidade. A resposta nova coloca a questão da criatividade que, segundo Moreno (1997), é uma categoria diferente da espontaneidade, apesar de a ela estrategicamente estar unida.

Moreno (1977, p. 84) compara a criatividade a uma Bela Adormecida que, para ser eficaz, precisa de um catalisador, que seria a espontaneidade. Ele define operacionalmente a criatividade com a definição do ato criador:

> A primeira característica do ato criador é a espontaneidade; a segunda característica é uma sensação de surpresa, de inesperado. A terceira característica é a sua irrealidade, a qual tem por missão mudar a realidade em que surge; algo anterior e além da realidade dada está operando num ato criador [...].

É por ser o homem dotado, em maior ou menor grau, de espontaneidade e criatividade que as regras e rotinas, hospitalares ou outras, jamais podem ser prescrições universais, e os profissionais de saúde e pacientes exercem seus papéis variando desde uma quase total adoção de papéis rígidos, dentro das normas de despersonalização do hospital, até formas intermediárias de desempenho com certo grau de espontaneidade, até um grau de espontaneidade que incorpora a criação de esquemas e dispositivos de humanização das relações hospitalares, sejam elas entre profissionais e usuários, sejam entre os profissionais, conforme se constatou durante o projeto piloto.

Nessa fase, o processo de intervenção institucional consistiu nas seguintes etapas:

- sensibilização das diversas instâncias de profissionais de saúde para o tema da humanização do atendimento, iniciando-se pelas direções e atingindo as chefias técnicas, grupos de setores e as categorias profissionais;
- identificação, dentre os profissionais, das lideranças dispostas a trabalhar, espontaneamente, em prol da humanização;
- constituição de um grupo de profissionais, de natureza polissetorial, para formação de um Grupo de Humanização Hospitalar, ao qual caberiam as responsabilidades de conduzir o processo, ao término do projeto piloto.

Terminada essa fase, sua avaliação apontou para o fato de haver terreno fértil para a implantação de um programa amplo de humanização nos hospitais, tendo então o Ministério da Saúde iniciado o Programa Nacional de Humanização da Assistência Hospitalar.

Nas fases 1 e 2, as instâncias existentes para execução do programa foram:

- o Comitê Técnico de Humanização, que atuou como coordenador, garantindo as diretrizes básicas e os critérios do programa, sendo responsável pela articulação e pelo apoio às redes regionais, sistematização da metodologia e elaboração de parâmetros para avaliação dos resultados;
- os Grupos de Multiplicadores de Humanização Hospitalar, constituídos, organizados e operacionalizados pelas Secretarias Estaduais e Municipais de Saúde, com o apoio técnico das equipes técnicas de capacitação;

- as Equipes Técnicas de Capacitação para Humanização Hospitalar, formadas por técnicos contratados, especialistas em intervenções institucionais e grupais, para atuar com os Grupos de Multiplicadores de Humanização Hospitalar regionalmente, mobilizando, capacitando, apoiando e supervisionando os profissionais de saúde no planejamento e na execução de todo tipo de atividade necessária à implantação e ao desenvolvimento do programa nos hospitais;
- os Grupos de Trabalho de Humanização Hospitalar, de natureza polissetorial e multiprofissional, em alguns casos formados voluntariamente, em outros nomeados pela direção, e em outros eleitos por seus pares.

Nossa inserção no programa foi como técnicos contratados para atuar com as Equipes Técnicas de Capacitação para Humanização Hospitalar, capacitando, apoiando e supervisionando os profissionais de saúde de hospitais, municipais e estaduais, no planejamento e na execução de todo tipo de atividade necessária à implantação e ao desenvolvimento do programa.

Para a execução desse objetivo específico, realizaram-se encontros de capacitação bimensais de oito horas, com a participação dos membros da equipe técnica (as autoras deste relato e um psicanalista) e de dois representantes de cada hospital, bem como de cada secretaria estadual e municipal envolvida.

Nesses encontros, seguindo a metodologia educacional psicodramática, utilizamos o sociodrama numa visão grupalista e sistêmica: partíamos do levantamento da realidade dos educandos, mapeando as iniciativas de humanização já existentes, os problemas que deviam ser sanados para atingir um atendimento humanizado, e as possibilidades e dificuldades dos profissionais para essas tarefas.

Para atingir essas metas tínhamos de:

- formar e entrosar os grupos de profissionais que atuavam no programa;
- elaborar os temas relativos à humanização;
- treinar e supervisionar o exercício dos papéis de profissionais promotores da humanização dentro das diversas instâncias componentes do SUS (hospitais, secretarias estaduais e municipais etc.).

Utilizamos o sociodrama como método, pois ele permite envolver todos os elementos do grupo na construção com responsabilidade, num processo de aprendizagem relacional, visando à mudança de atitude e alternativas para a solução dos problemas.

Os jogos dramáticos e as dramatizações foram usados na condução desses encontros de capacitação, os primeiros principalmente para formar e entrosar o grupo, os segundos para elaborar os temas relativos à humanização, treinar e supervisionar o exercício do papel profissional de promotores de humanização.

Os jogos, ao criarem um campo relaxado, propiciavam que os participantes se conhecessem além dos papéis apenas profissionais e construíssem identificações e parcerias que frutificavam no trabalho de humanização.

Foram empregados os seguintes jogos para apresentação, entrosamento e inclusão de novos participantes:

- apresentação relâmpago: cada participante fala livremente sobre si, a partir do momento em que acende um palito de fósforo e durante o tempo em que conseguir segurá-lo aceso na mão;

- entrevista dois a dois (com e sem roteiro): formam-se, por livre escolha, duplas que se entrevistam e apresentam mutuamente ao grupo. Na entrevista sem roteiro os dados são determinados por dupla; na com roteiro, a dupla segue um roteiro previamente elaborado pelo diretor, que sempre contém dados formais como profissão, setor em que atua, estado civil e dados informais como qualidades, defeitos, sonhos etc.;
- apresentação quatro cantos: selecionam-se categorias com quatro subdivisões que são colocadas nos quatro cantos da sala. Os participantes vão se agrupando em cada um dos cantos, conforme se enquadrem em cada subdivisão, e conversam sobre como se sentem pertencendo àquele grupamento;
- característica com inicial do nome: cada participante diz seu nome e uma característica sua que comece com a mesma letra inicial de seu primeiro nome;
- rede com novelo de lã: forma-se um círculo e um dos participantes inicia a formação de uma rede, segurando a ponta de um novelo de lã, apresentando-se ao grupo e jogando o novelo para outro participante, segundo algum critério previamente determinado (por exemplo: alguém que conheço pouco e gostaria de conhecer mais, ou alguém que já conheço e estou tendo prazer em reencontrar);
- corpo do grupo: cada participante assume ser, em relação ao grupo que se forma, uma parte do corpo humano e, assumindo o papel dessa parte, apresenta-se ao grupo, dizendo como quer contribuir para sua formação;
- jogral: cada um dos antigos participantes diz em voz alta o que significa, para si, nesse caso, o PNHAH e os

demais fazem coro. Depois os novos fazem o mesmo, colocando suas expectativas;

- roda dos nomes: forma-se um círculo no qual cada participante entra para dizer todos os apelidos, títulos, formas carinhosas, nomes com que tem sido chamado ao longo da vida. O grupo faz eco a cada uma das formas citadas. Este jogo, nesse caso, serviu para fazer uma reflexão sobre a importância de chamar o doente pelo próprio nome e não identificá-lo por um número de prontuário.

Utilizamos dramatizações com esculturas para trabalhar temas diversos. Um dos exemplos que podemos citar foi um trabalho sobre o tema: "Qual o papel e atribuições de cada um dos atores/instâncias do SUS na implementação de uma Política Integrada de Humanização em Saúde?", que transcorreu como descrito a seguir:

> O aquecimento específico para a tarefa foi o grupo listar quem eram os atores/instâncias do SUS.
> Em seguida, duplas ou trios assumiram ser cada uma destas instâncias e tiveram 15 minutos para produzir um cartaz com o resumo do que cabia a cada um nesta política. Cada subgrupo colocou seu cartaz na parede e apresentou-o brevemente. Demos, então, a consigna de que cada ator/instância se movesse em direção aos outros, entrelaçando as mãos com quem julgasse que devesse ser sua articulação mais direta e imediata.
> O primeiro a se mover foi o servidor, que procurou o cliente, e aos poucos se formaram dois blocos, um defronte do outro: de um lado os seguintes atores: Servidores, Clientela, Hospitais, Unidades de Saúde, os Conselhos Municipais de Saúde e as

Secretarias Municipais de Saúde; do outro o MS, a bipartite, a tripartite e o Conselho Nacional; a Secretaria Estadual de Saúde e o Conselho Estadual, que ainda não se tinham colocado e fizeram a ponte entre os dois blocos.

Pedimos que cada um dissesse como estava se sentindo naquela forma de articulação e obtivemos as seguintes respostas:

Servidor: sentindo-se com representatividade, fazendo o elo de ligação entre o cliente e o serviço de saúde.

Clientela: sentindo-se responsável por fazer bom uso do serviço prestado para que não se desencadeassem problemas.

Hospitais e Unidades de Saúde: sentindo a responsabilidade de atender bem o cliente e de ter servidores humanizados para prestar o devido atendimento, vendo o ser humano dentro de sua totalidade. Responsabilidade de estar diretamente ligado às Secretarias de Saúde, buscando todo apoio necessário.

Secretaria Municipal de Saúde: sentiu sustentação ao perceber o envolvimento desde a base, a necessidade de participação efetiva dos conselhos e mais proximidade com o MS, onde poderia ter maior cobrança (exigência) de uma política de humanização.

MS: enorme responsabilidade, muita distância da base, falta de conhecimento do que realmente acontece na base. Proposta: incentivar o controle social e conscientizar pela mídia.

Bipartite e tripartite: sentiram-se distantes do usuário; acharam que a figura formada representava a realidade e que, só com a força da Secretaria Estadual, os pólos se aproximariam.

Conselho Estadual de Saúde: sentiu que sua posição, com a Secretaria Estadual, ligando os dois pólos, era correta, pois como representante dos usuários e dos serviços de saúde estava em condições de desenvolver as funções para as quais os conselhos foram criados.

Secretaria Estadual de Saúde: sentiu-se responsável pelos que a ela estão ligados (secretarias municipais, unidades de saúde e hospitais) para prover recursos materiais, financeiros e humanos, dando suporte para que cada um pudesse realizar sua ação. Sentiu-se ligada também aos conselhos bipartites e ao ministério. Teve a obrigação de interagir de forma a representar, atender e conseguir subsídios para auxiliar aqueles que estavam sob sua responsabilidade.

No momento do compartilhamento, deu-se a discussão do grupo, chegando-se à conclusão da enorme importância das secretarias estaduais e do conselho estadual como articuladores do processo de humanização.

Outra conclusão foi de que um dos maiores problemas na humanização, de forma transversal, em todas as instâncias do SUS, eram os hospitais e os serviços conveniados, cuja maioria são entidades privadas que visam ao lucro e não se interessam por investir em capacitação de seu pessoal e em participar de políticas mais comprometidas com a qualidade do atendimento de todos os pontos de vista, seja técnico seja relacional.

No treinamento e na supervisão do exercício dos papéis de profissionais promotores da humanização dentro das diversas instâncias componentes do SUS (hospitais, secretarias estaduais e municipais etc.), foram empregadas dramatizações.

Entre elas podemos citar uma das cenas temidas pelos coordenadores da implantação da humanização nos hospitais, denominados multiplicadores. Foram vividas três cenas: duas de resistência dos funcionários ao trabalho dos multiplicadores e uma sobre sentimentos de incompetência dos próprios multiplicadores.

Relataremos, primeiramente, uma das cenas de resistência dos funcionários dos hospitais ao trabalho dos multiplicadores:

O cenário é uma sala de reuniões do hospital e estão presentes os dois multiplicadores e cerca de dez profissionais do hospital de categorias variadas. Os multiplicadores apresentam a proposta de formação de um Grupo de Trabalho de Humanização da Assistência Hospitalar. Os funcionários resistem alegando diversos argumentos, tais como não viverem eles próprios uma condição de trabalho humanizada, terem carga de trabalho excessiva, que não lhes deixaria participar de mais nada além do que já fazem, descrédito em relação a propostas que se iniciam e não têm continuidade etc.

Utilizando as técnicas de solilóquio, duplo, espelho e inversão de papéis, vamos fazendo os que fazem o papel de multiplicadores buscar formas de superar as resistências. Vão surgindo, no cenário, formas de aparentemente se aliar à resistência, como também formas de assinalar a ambivalência das pessoas em relação ao novo e à mudança, procurando-se formar aliança com o lado das pessoas que está disposto a cooperar, tentando ampliar esta disponibilidade.

No compartilhamento, falam-se dos sentimentos e das formas a buscar para superar as resistências dos servidores à implantação do programa, sendo expresso que estão se sentindo mais fortificados para lidar com esta situação.

Cena de sentimento de incompetência do multiplicador

O cenário é também uma sala de hospital na qual estão o multiplicador e os servidores que ele convidou para discutir o programa. Os funcionários fazem inúmeras perguntas ao multiplicador. Também por meio de solilóquios, duplos e troca de papéis, o multiplicador vai identificando um sentimento de incapacidade para exercer sua função.

No compartilhar, todos os multiplicadores ali presentes identificam sentimentos bem parecidos e a necessidade de se embasarem mais para cumprir sua missão.

Dramatizam-se também cenas de ações das diversas instâncias do SUS na construção do Programa de Humanização.

Resultados alcançados

O programa de treinamento foi um sucesso, pois obteve os seguintes resultados:

- a maioria dos hospitais participantes conseguiu constituir seu Grupo de Trabalho de Humanização Hospitalar;
- uma rede de cooperação entre os hospitais participantes foi criada;
- a discussão da questão "Humanização da Assistência" penetrou no cotidiano dos hospitais participantes;
- pela primeira vez a humanização foi colocada não apenas na perspectiva do doente que procura o hospital, mas de forma global, incluindo o profissional e a comunidade.

Se pensarmos em avaliação numérica, podemos considerar um sucesso o crescimento do número de 94 hospitais, 31 Secretarias Municipais de Saúde e 300 profissionais efetivamente engajados no processo, no início da fase 1, em junho de 2001, para 535 hospitais, 89 Secretarias Municipais e 1.414 profissionais ao fim da fase 2, em junho de 2003 (Relatório do Comitê Técnico do Programa Nacional de Humanização da Assistência Hospitalar, 2003).

O programa de treinamento contou também com outras metodologias que não a psicodramática. Para elaboração de determinados temas solicitados pelos participantes, como o Planejamento Estratégico e as Normas de Orientação de Assistência à Saúde (Noas), foram convidados profissionais especializados, que ministraram palestras usando recursos audiovisuais.

Contudo, podemos dar destaque à metodologia psicodramática, pois o emprego do psicodrama, na sua vertente socioeducacional, foi ferramenta fundamental no processo de sensibilização e mobilização dos servidores na elaboração de temas, na construção da coesão grupal e do espírito de equipe, na superação de resistências e medos, na construção de um novo papel para o profissional de saúde, ampliado e enriquecido, incluindo a dimensão de educadores e humanizadores das instituições de saúde do SUS.

No momento em que escrevemos este capítulo, agosto de 2004, não estávamos mais participando como equipe técnica, mas temos notícia de que o PNHAH cresceu institucionalmente, transformando-se na Política Nacional de Humanização – HumanizaSUS –, que se estende para toda a rede SUS e não apenas para a rede hospitalar.

Discussão dos resultados alcançados

Segundo a teoria moreniana, a espontaneidade pode ser educada pelo desempenho de papéis, no contexto psicodramático, propiciando à pessoa que, na situação real, desempenhe com espontaneidade seu papel e humanize, portanto, seu desempenho. Moreno cita em seu livro *Psicodrama*, quando fala do adestramento da espontaneidade, a atuação de uma mulher, Norma, no papel de enfermeira-chefe de um hospital, em uma situação de emergência. Moreno comenta sua atuação no contexto psicodramático como um exemplo de comunicação positiva e ativa (Moreno, 1997).

Assim, na perspectiva do psicodrama, educação é por excelência o desenvolvimento da espontaneidade e da criatividade, sendo, portanto, uma educação humanizada e humanizadora, incompatível com uma educação bancária, em que o suposto educador, suposto detentor do saber, despeja, sobre os educandos, conteúdos e modelos de quaisquer teores. A educação é humanizada e humanizadora, como a do método Paulo Freire, que toma como ponto de partida os saberes dos educandos e dos educadores, e suas realidades vividas e partilhadas.

Caracterizando-se, pois, o programa ora apresentado por seu enfoque educativo e pelas intervenções institucionais que visam à humanização, a metodologia psicodramática socioeducacional mostra-se excelente para atingir os objetivos que foram anteriormente expostos.

Pudemos constatar que a utilização da metodologia psicodramática favoreceu a aprendizagem e a alteração de atitudes de forma mais descontraída, em ambiente mais relaxado, de forma lúdica. As intervenções que foram realizadas em contexto dramático (jogos ou cenas) possibilitaram maior contato dos participantes consigo mesmos, com o outro e o ambiente hospitalar no qual se inserem, confirmando as observações de Antony Willians (1994, p. 14), que propõe um psicodrama estratégico, que emprega a

> dramatização como um lugar para a encenação de mudanças na vida cotidiana de uma pessoa, muito mais do que um lugar onde a mudança deva ocorrer. Situações emocionalmente sobrecarregadas são reorganizadas ou reclassificadas de modo a levar a novas estruturas nos relacionamentos.

Esse método permite chegar rapidamente ao cerne da questão, tanto das emoções como das interações e soluções de situações problemáticas.

Segundo Marra (2004, p. 61):

> O sociodrama tem como proposta a aprendizagem da participação social e o exercício da criatividade por meio do movimento, da ação, confirmando os recursos internos de cada membro do grupo, tal qual a teoria sistêmica, quando trabalha para o resgate da competência de cada membro do sistema. É o momento de assumir a responsabilidade por suas escolhas, possibilitando mudanças.

Pudemos verificar que, com o uso desse método participativo, facilitamos a inter-relação dos atores sociais do PNHAH na identificação de suas competências para a resolução dos problemas de cada contexto hospitalar. Permitiu-se ao grupo ser suficientemente flexível para levar em conta as experiências prévias em suas instituições, refletindo e buscando saídas, visando a ações transformadoras diante do objetivo do programa e das demandas particulares de suas unidades no serviço de saúde pública.

A proposta de trabalhar psicodramaticamente, por meio do sociodrama, possibilitou às pessoas envolvidas no programa de humanização que assumissem a responsabilidade por sua própria aprendizagem, fazendo-as recuperar lentamente os próprios recursos e os do grupo. Auxiliaram-se os participantes a sair da paralisação em que se encontravam, permitindo que refletissem e pudessem experienciar novas soluções para antigos problemas que enfrentavam no dia-a-dia profissional.

Conclusão e abrangência

Lidar com a saúde nos hospitais é lidar com um universo de incertezas que cercam os profissionais. O método psicodramático pode auxiliar os programas de capacitação desses profissionais a encontrar possibilidades e recursos para as situações do cotidiano.

A prática do exercício profissional saudável, nessa área, exige o despertar da consciência humana, a humanização com o paciente, com o colega, consigo mesmo. E esse é um desafio constante que os grupos de humanização podem assumir. Esses grupos permitem o resgate da ética e da preocupação com o bem-estar das pessoas. A metodologia psicodramática pode ser forte aliada e colaboradora.

O doutor Botsaris (2001, p. 315) cita Lao-tsé, filósofo taoísta nascido em 604 a. C., e baseia-se na obra *O caminho*, deste pensador, para concluir que neste campo de trabalho:

> precisamos de um modelo mais humano, capaz de incorporar conceitos avançados, conciliando-os com o rico e fantasioso mundo espiritual, ao qual a humanidade sempre esteve ligada.

Isso significa que os profissionais da saúde precisam conciliar o técnico e o humano; ciências exatas e humanas; visão global e compartimentada; tecnologia e tradição. Dessa forma, eles precisam ter espaços para rever seus valores, suas ações, compartilhar suas angústias e buscar saídas juntos para as tensões que vivem no dia-a-dia. É necessário que sejam ouvidos e atendidos pela instituição, que sejam cuidados por serem cuidadores, para estar mais humanizados.

A participação no Programa de Humanização Hospitalar permitiu-nos perceber que o psicodrama socioeducacional pode ser utilizado com eficácia em qualquer área da saúde, como no Programa da Saúde da Família, Programa de Prevenção e Tratamento de Doenças Crônicas, Humanização do Parto, Saúde da Mulher e na Psicologia Hospitalar.

O psicodrama permite desenvolver relações criativas e transformadoras nas instituições e nas equipes multidisciplinares que trabalham nas áreas de saúde. Ao desenvolver uma visão integral do paciente/cliente e dos diversos profissionais insertos nesse contexto, o psicodrama possibilita a todos que tenham mais condições de encontrar estratégias que favoreçam a humanização na promoção da saúde.

Referências bibliográficas

BENEVIDES-PEREIRA, Ana Maria T. *Burn-out: quando o trabalho ameaça o bem-estar do trabalhador*. São Paulo: Casa do Psicólogo, 2002.

BOTSARIS, A. *Sem anestesia* – o desabafo de um médico. Rio de Janeiro: Objetiva, 2001.

COMITÊ TÉCNICO DO PROGRAMA DE HUMANIZAÇÃO DA ASSISTÊNCIA HOSPITALAR. PNAH – *Relatório do Programa Nacional de Humanização Hospitalar*. Brasília: Ministério da Saúde, 2003.

JONES, R. H. *O homem de vidro*: memórias de um obstetra humanista. Porto Alegre: Idéias a Granel, 2004.

KAUFMAN, A. *Teatro pedagógico*: bastidores da iniciação médica. São Paulo: Ágora, 1992.

MALDONADO, Maria Tereza; CANELA, Paulo. *Relação médico-cliente em ginecologia e obstetrícia*. Petrópolis: Vozes, 1978.

MARRA, M. M. *O agente social que transforma*. São Paulo: Ágora, 2004.

MORENO, J. L. La teoría creativa de la personalidad. In: GREENBERG, Ira. *Fundamentos y normas del psicodrama*. Buenos Aires: Hormé, 1977.

________. *Psicodrama*. São Paulo: Cultrix, 1997.

________. *Quem sobreviverá? Fundamentos da sociometria, psicoterapia de grupo e sociodrama*. Goiânia: Dimensão, 1992.

PAMPLONA, V. *Mulher, parto e psicodrama*. São Paulo: Ágora, 1990.

PITTA, A. *Hospital:* dor e morte como ofício. São Paulo: Hucitec, 1994.

STRAUSS, A. *et al.* The hospital and its negotiated order. In: FREIDSON, ELIOT (ed.). *The hospital in modern society*. Londres: Collier-MacMillan Limited, 1992.

WILLIANS, A. *Psicodrama estratégico*. São Paulo: Ágora, 1994.

5

Da abstração à ação: percurso sociodramático em diferentes contextos organizacionais

GEORGES SALIM KHOURI

A contemporaneidade carregada de novos elementos, como o crescente uso de computadores, a globalização, a comunicação a distância, as redes digitais, a virtualidade, o jogo do poder, a pressão por mudança etc., certamente vem produzindo efeitos no campo da subjetividade humana, afetando sobremaneira a relação entre as pessoas e demandando-lhes um olhar de forma múltipla para os fenômenos organizacionais.

Segundo Bastos (2001, p. 94), as organizações

> são criações ou ferramentas sociais, produtos de ações individuais e coletivas, cuja dinâmica e processos entrelaçam-se com processos e dinâmicas de indivíduos e de grupos em um espaço e tempo que delimitam e circunscrevem suas interações.

Envolvem, fundamentalmente, articulação de pessoas em torno de objetivos específicos e comuns.

Geralmente observamos nas organizações pessoas aceitando um papel profissional sem consciência do seu significado, desempenhando-o de forma convencional, totalmente presas a padrões de comportamento (estereotipado), sem a liberação das suas potencialidades (espontaneidade e criatividade).

O sistema socionômico emerge como grande possibilidade metodológica para as organizações alcançarem melhorias significativas a partir das pessoas. Quaisquer política e prática organizacionais dependem da participação dessas pessoas na construção de significados compartilhados, no fortalecimento dos vínculos, na clareza do jogo de papéis (a diversidade como potência) e, sobretudo, na participação e no compromisso em torno das decisões que movimentam as organizações.

Neste capítulo, apresentaremos uma seqüência metodológica denominada ARTICULAÇÃO COM BRINQUEDOS – IMAGEM E AÇÃO, que facilita ao grupo-cliente atravessar seus temas protagônicos por reflexões, problematizações e soluções compartilhadas, agenciadas pelo processo sociodramático enriquecido pelas técnicas de construção de imagens, dramatização e partilha. Trata-se de um dispositivo grupal que provoca o movimento do grupo, de um momento da EXPERIÊNCIA DO SI MESMO GRUPAL para um momento de SENTIDO DE SI MESMO GRUPAL ou SENTIDO COMPARTILHADO.

É importante ressaltar que, ao propor uma seqüência metodológica, não pretendemos instalar o tecnicismo, ou seja, ação segundo as regras, que supostamente daria uma "sensação de segurança" ao diretor. Como sabemos, para o diretor navegar com o sociodrama é fundamental ter consciência socionômica, sempre predisposto a atuar em qualquer instante com o mais alto grau de liberdade, capaz de mediar as tensões dos pensamentos divergentes, de fazer que o grupo conduza seu tratamento, suas explicações e soluções, estar aberto às diferentes idéias e possibilidades emergentes e abortar sem apego à própria seqüência metodológica proposta, se o grupo assim o sinalizar.

Nossa idéia é apresentar a aplicação do método, com o objetivo de disponibilizar imediatamente para outros profissionais sua utilização, análise crítica e recriação. Essa mesma seqüência metodológica já foi utilizada para alcançar diferentes objetivos em inúmeras empresas, e recortamos como exemplo a aplicação em duas organizações de naturezas distintas. Antes da descrição do método, faremos uma breve consideração teórica sobre o fenômeno organizacional e o psicodrama.

O FENÔMENO ORGANIZACIONAL E O SISTEMA SOCIONÔMICO

As organizações são sistemas multiníveis e a visada deve atentar para três níveis, a saber: ORGANIZAÇÃO – GRUPO – INDIVÍDUO. Qualquer produto ou resultado organizacional é visto como afetado por processos que ocorrem em cada nível e interagem entre si. Os fenômenos que ocorrem distintamente nesses níveis concorrem para uma resposta fenomenológica sistêmica que afeta toda a ambiência organizacional.

Desempenho, estresse, absenteísmo, *turn over*, motivação etc. são alguns dos efeitos mais ou menos percebidos que dependem do nível em que a visada é dada.

Em qual(is) nível(eis) podemos utilizar o construto do sistema socionômico nas organizações?

Antes de responder a esta questão, é fundamental sabermos um pouco mais sobre a natureza do fenômeno organizacional. Segundo Bastos (2001, p. 82-114), duas perspectivas históricas, micro e macro, nos estudos organizacionais geram tensões permanentes, que se desdobram em dois campos de estudos próprios, numa convivência com escassas interações e poucas tentativas de romper seus limites:

A perspectiva micro tem como foco o indivíduo em seu processo de organizar-se e na construção da própria organização, cujos fenômenos centrais estão relacionados com a liderança, o processo decisório, a motivação, o comportamento gerencial etc. Ela prioriza a busca de diferenças individuais e a forma como elas afetam as reações das pessoas. Nesta perspectiva demarcamos claramente um campo de atuação da psicologia.

A perspectiva macro considera, ignorando as variações individuais, a organização como uma entidade independente, que se comporta interagindo com outras organizações, se adapta à variação dos contextos sociopolítico e econômico, é capaz de aprender etc. Nessa perspectiva, historicamente demarcamos um campo de estudo organizacional fortemente fundamentado na sociologia, na antropologia, na ciência política e na economia.

Em geral há falta de clareza sobre o nível da influência que o indivíduo exerce nas decisões da unidade e vice-versa, ou seja, quanto o nível grupal e o organizacional afetam o indivíduo.

Para Bastos (2001, p. 95), a perspectiva micro "negligencia os fatores contextuais que podem limitar os efeitos das diferenças individuais e levam a respostas coletivas", correndo o risco do reducionismo. Já a perspectiva macro "negligencia os meios pelos quais os comportamentos, percepções, afetos e interações geram fenômenos no seu nível, correndo o risco de antropomorfização".

Um distanciamento crítico permite enxergarmos que há complementaridade, convergência, incremento nos seus efeitos, e, de fato, como diz Bastos (2001, p. 95), "os fenômenos micro estão incrustados em macrocontextos e os fenômenos macro emergem da interação e dinâmica dos elementos de níveis mais baixos".

Além do que foi mencionado, o comportamento social é básico na ontogênese da organização. Dessa forma, os comportamentos de uma pessoa, independentemente do nível de atuação (macro ou micro), dependem do(s) comportamento(s) de outra(s) pessoa(s), e essa circunstância, denominada por Weick (1969 *apud* Viana, 2001, p. 44) de duplo interato, constitui a principal propriedade que separa a ação coletiva da individual. Para Weick (1969 *apud* Viana, 2001, p. 54):

> a ação organizada, para atingir objetivos, requer, por um lado, que novos sentidos sejam construídos continuamente. Entretanto, por outro lado, é preciso que haja certa estabilidade em diversas instâncias para que uma coletividade continue se reconhecendo enquanto organização. As crenças de identidade, por exemplo, poderiam assegurar um senso de organização mesmo em momentos de mudança ou crise.

Weick cunhou o termo *Sensemaking* para designar a construção de sentidos no contexto organizacional e se refere a um processo tanto do organizar como da organização. Abaixo recortaremos de Viana (2001, p. 43-57) algumas idéias sobre *Sensemaking*, que, a nosso ver, são facilmente instrumentalizadas pelos métodos do sistema socionômico de Moreno:

> Weick funda a idéia de *Sensemaking* significando a construção ou fabricação de sentido.
>
> Segundo Weick (1969), existiria uma estrutura coletiva quando os comportamentos de duas ou mais pessoas se tornam interestruturados e repetitivos. Dentro da dinâmica dessa estrutura coletiva, os processos agiriam organizando a ação humana.
>
> Feldman (1989) descreve *sensemaking* como um processo interpretativo que é necessário para membros de uma organização

> compreenderem e partilharem entendimentos de características da organização tais como sobre o que ela é, o que ela faz bem ou pobremente, quais são os problemas que ela enfrenta e como devem resolvê-los.
>
> Sackman (1989) observa que os mecanismos de *sensemaking*, que membros de uma organização usam para atribuir significados aos eventos, incluem padrões e regras de perceber, interpretar, acreditar e agir que são tipicamente usados em determinado grupo cultural.
>
> Gioia *et al.* (1991) descrevem *sensemaking* envolvendo não somente apenas a interpretação cognitiva pura, mas a interpretação em conjunção com a ação.

O sistema socionômico, por seus métodos, é capaz de trafegar pelos multiníveis organizacionais, tanto na perspectiva micro como na perspectiva macro, facilitando a produção de novas formas de subjetividade e a construção de sentido compartilhado de qualquer temática proposta ao grupo ou protagonizada pelo próprio grupo.

Como sabemos, são três os ramos do construto do sistema socionômico criado por Jacob Levi Moreno (figura 1), a saber: a sociodinâmica, que permite uma leitura da rede de influências das forças individuais e sociais sobre os grupos e a sua conformidade ou não com os princípios (leis) sociodinâmicos; a sociometria, que é a ciência da medida do relacionamento humano, cujo teste sociométrico mapeia a dinâmica da escolha e cujo teste de percepção investiga a dinâmica da percepção social; a sociatria, que é a ciência do tratamento dos sistemas sociais, cujos métodos são utilizados nas intervenções grupais.

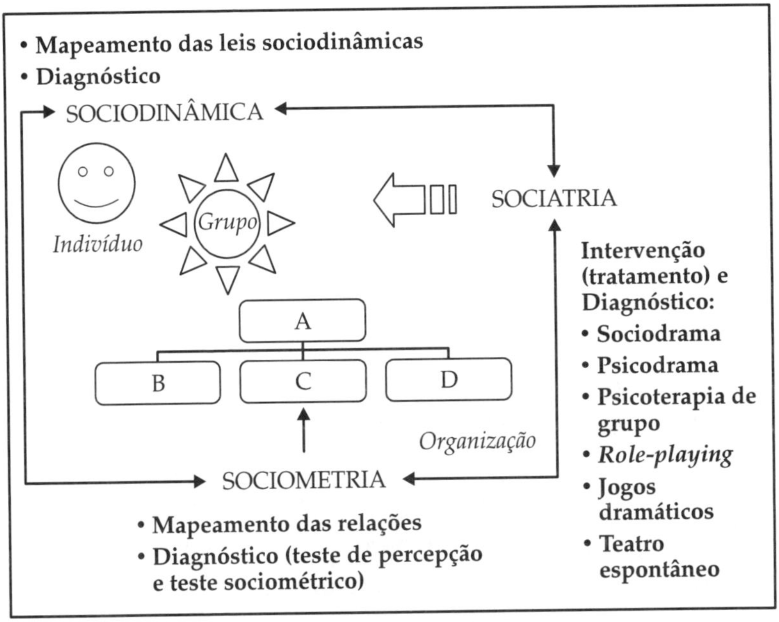

Figura 1 – A socionomia como sistema.

SEQÜÊNCIA METODOLÓGICA DA ARTICULAÇÃO COM BRINQUEDOS — IMAGEM E AÇÃO

Apresentaremos a seguir a seqüência metodológica que foi aplicada com objetivos distintos em diferentes contextos organizacionais. Ressaltamos que essa seqüência por si só não garante o sucesso da intervenção. A alquimia provocada pela relação télica entre diretor e grupo é fator fundamental e diferenciador. Arriscaria a dizer que a atitude do diretor com o grupo, o que passa no espaço do "entre" um e outro, é fator fundamental para um bom percurso sociodramático para a catarse de integração.

Etapa I – Aquecimento inespecífico

A técnica de aquecimento a ser utilizada é de livre escolha do diretor. Recomendo aquelas que facilitem a integração do grupo para posterior produção grupal. Se o diretor optar por aquecimento físico, atentar para o cuidado com o limite pericorporal do grupo e das pessoas. Em geral as pessoas nas organizações tendem a resistir a trabalhos corporais quando estão em grupos de não-convivência. Em grupos de convivência é mais fácil a introdução desse tipo de aquecimento, porém o cuidado aqui é evitar desencadear erotização das relações, fenômeno muito comum quando se utilizam como técnica de aquecimento físico alguns exercícios da bioenergética ou da biodança. Nas etapas mais avançadas de trabalhos processuais em grupo de convivência, o aquecimento físico é bem-aceito pelo grupo e excelente iniciador em contextos organizacionais, pois relaxa o campo que em geral é tenso, permitindo a manifestação dos temas protagônicos mais facilmente.

Etapa II – Aquecimento específico – analogia com brinquedos

Material utilizado

Diversos brinquedos em miniatura reproduzem vários objetos e artefatos utilizados por crianças nas brincadeiras de casinha de boneca, de parque, de jardins, cidades etc. Alguns exemplos de brinquedos em miniatura utilizados são: avião, barco, carros, homem, mulher, criança, balança, homens caracterizados (como policial, enfermeiras etc.), baú, bola, cadeira, móveis diversos, computador, vaso sanitário, banheira, carrinho de bebê etc. Além disso, deve-se ter disponível uma pequena mesa de centro com uma toalha de cor branca, papel branco de tamanho ofício ou A4, canetas do tipo hidrocor de várias cores e fita crepe.

PROCEDIMENTO

1. Colocar a mesa no centro do local do evento e distribuir aleatoriamente sobre ela os brinquedos em miniatura. Em seguida, os participantes devem ficar ao redor da mesa observando inicialmente os brinquedos e depois escolhendo somente um para elaborar uma analogia do objeto escolhido com o tema-chave do evento. Cada um deverá manter consigo o brinquedo escolhido para a próxima etapa. Exemplos de consignas: Que percepção você tem do sistema X utilizado pela empresa com base na analogia com o objeto escolhido? Que percepção a alta administração tem dos gerentes com base na analogia com o objeto escolhido?
2. Solicitar a redação individual, numa folha de papel, de um conceito ou de uma idéia fazendo analogia do brinquedo escolhido com o tema do encontro. A seguir, apresentamos exemplos de produção de analogias com os brinquedos, recortados de diversos grupos de clientes. Objeto:

- BARCO: "Sem navegador e vento, o barco não vai a lugar nenhum. Sem navegador e equipamento, o sistema X não será conhecido, nem operado. Navegar no sistema X é preciso".
- BAÚ: "O sistema X é como um baú. Seu conteúdo é conhecido dos poucos que têm acesso às chaves".
- PANELA: "Eu conceituo como um mingau que precisa da panela para dar consistência. Ainda estão mexendo o mingau, espero que dê consistência e não desande".

- CAVALINHO DE BALANÇO: "Os gerentes sempre balançam na hora de tomar decisão".
- CARNEIRO: "Os gerentes-gerais, como carneiros, devem acatar as decisões sem questionamento".
- CRIANÇA NO BERÇO: "O grupo é visto como uma criança dentro de um berço, ou seja, não é ouvido, não pode falar, porque não tem muito a somar".

3. Após a produção individual, fixar na parede toda a produção individual. O diretor fará uma leitura dramática de cada texto produzido.

Variante: outra possibilidade de aquecimento é colocar folhas de papel-manteiga de cores diversas (utilizar um quarto de uma folha) na mesa de centro no lugar de brinquedos. Solicitar a cada participante que escolha uma folha para individualmente modelá-la expressando a idéia-tema do encontro. A modelagem no papel substitui a analogia com os brinquedos descrita na seqüência anterior. Utilizamos essa variante quando temos um contrato de trabalho de curto tempo (quatro horas no mínimo).

Comentários: ao utilizar brinquedos infantis em clima de descontração, estamos comunicando subliminarmente aos participantes o caráter lúdico do evento, mesmo em se tratando de um encontro para analisar temáticas fundamentais para a organização. A mensagem de que "brincadeira é coisa séria" deve ser passada. Sempre há uma surpresa quando convidamos os participantes a observar os brinquedos. A expectativa do que virá depois cria um campo de ansiedade, mas também provoca foco de atenção mesclado por chistes relacionados aos brinquedos, que emergem do grupo como descarga de tensão, principalmente após a solicitação de escolha e elaboração da analogia com o tema em apreço. Muitas informações sobre a sociometria e dinâmica do grupo podem ser capturadas nesse momento. O diretor deve ficar atento e não interferir, mesmo que o nível do ruído do grupo (em geral aumenta) cresça significativamente.

Esse momento requer elevado nível de abstração dos participantes, pois cada conceito ou idéia elaborada e redigida na folha de papel é uma síntese metafórica da percepção de cada pessoa do grupo. Algumas resistências ao trabalho começam a surgir com comportamentos evitativos, menosprezando a própria capacidade de síntese e às vezes se negando a redigir. O diretor deve encorajar a produção dessas pessoas, elevando sua auto-estima, pressionando a criação, procurando dobrar a resistência de forma leve, com humor e firmeza. Todos devem produzir, e qualquer produção deve ser celebrada. O diretor só não deve insistir em último caso, quando uma pessoa estiver emocionalmente comprometida com a consigna. Neste caso, deve acatar a decisão do participante e não valorizar a resistência diante do grupo. Outro ponto importante é orientar que a redação seja feita no papel branco em formato paisagem com letra legível e caneta hidrográfica com a cor preferida, procurando ocupar todo o espaço possível da folha. Essa consigna padronizada tem o propósito de investigarmos quanto os participantes respondem a um padrão estabelecido ou se desviam dele. Em contextos industriais, em que a necessidade de segurança operacional é alta, podemos mapear as pessoas que apresentam dificuldades de se adequar a esses padrões para posteriormente realizar intervenção específica.

Fixar as produções individuais lado a lado, numa parede visível, estimula nos participantes a sensação de produção grupal. Após fixar toda a produção grupal, o diretor deve ler todas as produções com ênfase e qualidade dramática (leitura dramática), com o sentido de criar impacto no grupo. Nesse momento não devem ser estimuladas a análise de conteúdo nem a interpretação do que foi produzido individualmente. Esta etapa é aquecimento para a seguinte. Para o diretor, os temas protagônicos, que em geral se repetem, já aparecem recortados nos conteúdos das analogias brinquedo-tema.

Etapa III — aquecimento específico

Subdividir o grupo em subgrupos de forma aleatória. Lembrar que nesse momento todos devem estar com o brinquedo escolhido sob sua guarda. Os brinquedos não escolhidos devem sair de cena. Solicitar a cada subgrupo que partilhe os brinquedos escolhidos por todo participante e as respectivas analogias, aprofundando o debate e por fim escolhendo um dos brinquedos que represente a síntese do grupo (escolha sociométrica). Vejamos um exemplo recortado de um subgrupo formado por gerentes-gerais que fizeram analogia com brinquedos a partir da consigna: "Que percepção a alta administração tem dos gerentes-gerais?". Os participantes do subgrupo formado por seis gerentes-gerais produziram inicialmente as seguintes analogias: a) bicicleta – "Os gerentes precisam de maior velocidade para atingir suas metas"; b) criança – "Os gerentes-gerais são criativos nas dificuldades"; c) piano – "Os gerentes são como um piano (uma equipe) que, a partir de uma partitura (diretrizes) e bem tocado, produz um bom som (resultados)"; d) boneca – "Iniciantes que precisam de alguém que decida e centralize"; e) carrinho – "Levo o carrinho para onde eu quiser. Os gerentes-gerais devem fazer o que eu quero, o que acho certo"; f) coqueiro – "Os gerentes da... só querem sombra e água fresca". Após o debate do subgrupo, eles chegaram ao consenso do significado e escolheram o objeto piano como aquele que sintetizava a idéia do subgrupo.

Comentários: nesta etapa os subgrupos começam a se dar conta da realidade. O nível de abstração diminui gradativamente e cenas do dia-a-dia são relembradas para justificar as analogias. É interessante observar que em alguns subgrupos facilmente se chega à escolha sociométrica do brinquedo e em outros o nível de tensão aumenta no processo de escolha. Esse é um momento crítico, quando podem emergir outras questões referentes ao relacionamento do grupo, a exemplo de conflito crônico decorrente de questões pessoais entre participantes, como inveja, ciúmes, acusações diversas etc. O diretor deve estar atento para identificar se o fato emergente é um evento isolado de uma díade, de um trio, ou do grupo como um todo, para avaliar se um limite deve ser dado para se não perder o foco do trabalho grupal.

Etapa IV — dramatização

1. Solicitar a cada subgrupo a construção de uma imagem (escultura), utilizando a expressão corporal com a participação de todos, buscando sintetizar o que foi debatido a partir da personificação do objeto escolhido (brinquedo). O tempo dado para a elaboração da imagem deve ser o menor possível, com o intuito de estimular o fluxo de espontaneidade e criatividade dos subgrupos com a menor contaminação possível. Essas contaminações geralmente acontecem quando é dado ao grupo um longo tempo para elaboração da imagem e decorrem de racionalizações que freqüentemente inundam o psiquismo criador.

2. Delimitar um espaço (palco) para as apresentações das imagens construídas e informar de forma clara "as regras do jogo":
   a) cada subgrupo apresenta sua imagem construída. Neste momento as pessoas que estão de fora serão platéia e deverão ficar atentas ao material produzido pelo subgrupo protagonista;
   b) a qualquer momento o diretor – e somente o diretor – pode intervir de várias maneiras, tanto na imagem como na platéia.
3. Após a última apresentação, finalizar solicitando ao grupo como um todo a escolha do brinquedo que mais se aproxime do tema central do encontro e convidar o grupo a construir uma imagem final que represente esse brinquedo-síntese.

Comentários: segundo Rojas-Bermudez (1997, p. 147), a técnica de construção de imagens permite explorar os conteúdos do grupo protagonista por uma forma criada pelo próprio grupo, que apresenta de maneira global e simultânea uma trama de significados. O grupo na cena vai descobrindo os significados de seus atos e criações e inicia uma caminhada na busca de soluções. De acordo com Población Knappe e Barberá (1999, p. 144):

> quando sugerimos uma escultura, que sejam utilizados os corpos daqueles indivíduos que formam o grupo em estudo, moldando postura, gestos, posições relativas, distâncias e contatos para formar um grupo escultural, habilmente estático, que mostra já à primeira vista o esquema das inter-relações daquele grupo humano.

Quando propomos a construção de imagem em grupos organizacionais, geralmente deparamos com o não-entendimento do que foi solicitado. Muitas vezes é necessário que o diretor mostre pedagogicamente a idéia da construção da imagem, solicitando um voluntário para ser a "matéria-prima" a ser esculpida por ele, de algo que o próprio diretor queira plasmar para demonstrar ao grupo. Posteriormente cada subgrupo se mobiliza na construção da imagem compartilhada e um processo intersubjetivo entra em cena, pois diferentes idéias emergem e o foco é a convergência. Quando o subgrupo está bem aquecido, ocorre convergência de idéias quase imediatamente. Ressaltamos que a imagem plasmada pertence ao subgrupo protagônico e não a uma pessoa do grupo. Ou seja, a imagem é construída utilizando-se o corpo de quem elabora. Esse procedimento foge da técnica original da construção de imagens, em que o protagonista não deve participar da imagem plasmada. Por se tratar de uma construção grupal, entendemos que o risco de uma possível contaminação individual, pelo fato de não se ter um distanciamento crítico do material plasmado pelo grupo, pode ser minimizado com o uso da técnica do espelho. A vantagem é que os indivíduos experimentam o papel de ator e autor da cena congelada. Durante a construção de imagens de cada subgrupo, o diretor pode utilizar outras técnicas psicodramáticas, como solilóquios, espelho, duplos, inversão de papéis etc., com o objetivo de revelar conteúdos ocultos e aprofundar a compreensão do que se quer comunicar.

É muito comum a utilização da técnica do espelho, em que um ego-auxiliar experimentado ou um participante da platéia é escolhido pelo diretor para ocupar o lugar e a postura de um dos escultores, de modo que ele possa observar de fora o todo da imagem construída. Solicitar o que cada participante pensa e sente (solilóquio) na postura em que se encontra como parte da escultura permite uma amplificação do que se passa no co-inconsciente grupal com relação ao tema protagônico ou revela conteúdos internos daquela pessoa. Os conteúdos internos devem ser acolhidos, mas não aprofundados, pois foge do objetivo do trabalho.

O duplo é outra técnica utilizada sistematicamente, sobretudo para as posturas mais expressivas da imagem. O diretor escolhe uma pessoa ou solicita um voluntário da platéia para realizar o duplo. Esse não está implicado na construção da imagem. Coloca-se ao lado ou atrás da pessoa a ser dublada, imitando a sua postura, e expressa em voz alta o que pensa que o outro deseja falar.

Outra possibilidade é o diretor indicar uma postura expressiva da imagem e solicitar à platéia arriscar qual o texto daquela parte da imagem. Essa prática favorece a focalização e a ressonância da platéia com o material plasmado. À medida que essas técnicas vão sendo utilizadas, vai se construindo um sentido compartilhado das questões que afetam o grupo como um todo e as possibilidades de soluções. São inúmeras as possibilidades do manejo em cada subgrupo, e o diretor deve ter cuidado para não ser invadido pelo *furor curandis* ou exacerbar no protagonismo, que pode trazer muitos efeitos artificiais com pouco ou nenhum resultado terapêutico. Como exemplo de manejo que contribui para uma melhor compreensão da dinâmica do grupo em torno dos temas protagônicos, destacamos:

a) dramatização derivada de uma imagem construída, principalmente quando se trata de uma imagem real;

b) construção de novas imagens derivadas da primeira, com o objetivo de recortar e aprofundar aspectos que chamam a atenção na imagem original;
c) construção de novas imagens em tempo anterior (passado) e posterior (futuro) da imagem original. Essa intervenção permite ao grupo investigar a evolução cronológica de determinada situação ou conflito;
d) diálogo do diretor com uma das pessoas que fazem parte da imagem. O diretor realiza uma entrevista com a parte da imagem, sempre a partir da emoção e do sentimento do ator naquela posição e expressão na imagem global. Essa entrevista tem um caráter de pesquisa exploratória do tema protagônico em cena – é semelhante à técnica de entrevista proposta por Cukier (1992, p. 27), quando o diretor conversa com personagens da cena psicodramática sem tomar o papel de uma personagem da cena do protagonista.

As intervenções do diretor nas imagens construídas devem ter sempre um olhar sistêmico de todo o processo que está se construindo, para não desviar do tema protagônico do grupo. Para ilustrar, as figuras de 2 a 8 mostram exemplos de imagens construídas pelos subgrupos em diversos contextos.

Figura 2 – Construção de imagem plasmando uma balança: "Pesar e analisar os resultados obtidos".

Figura 3 – Construção de imagem do brinquedo batedeira: "Junte os ingredientes: experiência, tecnologia, conhecimento, idéias. Mexa bastante. Ofereça aos parceiros para experimentar e sugerir, aprovar e gostar (de preferência). Faça um bolo bem gostoso para ser compartilhado".

Figuras 4 e 5 – Seqüência apresentando uma dramatização derivada de uma imagem inicial. A imagem foi construída a partir do objeto avião cuja analogia era: "O SSSS é um sistema que necessita ter maior abertura, um acesso mais fácil, uma interação amigável, melhorar a comunicação interna e externa como um processo permanente e constante, buscando preparar seus navegadores/usuários para uma melhor gestão dos recursos".

Figura 6 – Exemplo de intervenção do diretor na imagem construída realizando um diálogo com uma parte do corpo (o dedo indicador em riste).

Figura 7 – O barco foi a imagem construída por este subgrupo e o texto elaborado foi: "Sem navegador e vento, o barco não vai a lugar nenhum. Sem navegador e equipamento, o SSSS não será conhecido, nem operado. Navegar no SSSS é preciso".

Figura 8 – Este grupo construiu a imagem de uma bomba a partir da modelagem de uma folha de papel-manteiga. Neste caso não há elaboração de texto. Esta imagem procurou representar a sobrecarga no trabalho e o estresse decorrente da pressão para alcançar as metas organizacionais.

Etapa V — partilha e análise com consolidação do grupo

Esta etapa pode acontecer de duas maneiras:

a) na primeira, o grupo todo elabora o processo a partir de seus sentimentos e emoções. Procura-se integrar os diversos aspectos revelados no contexto dramático, sempre associando ao tema-eixo, e concluir com um sentido compartilhado. Nesse momento consolidamos a passagem do SI MESMO GRUPAL, demarcado pela vivência pré-reflexiva que todos co-experienciaram para um momento de SENTIDO DE SI MESMO GRUPAL ou SENTIDO COMPARTILHADO, quando a problemática do grupo é revelada, explicada com propostas de soluções encaminhadas;
b) a segunda, a depender do objetivo do trabalho, é uma continuação da primeira, cujas soluções são levantadas, consolidadas e categorizadas a partir de um *brainstorming* estruturado da seguinte forma: o diretor solicita que se registrem individualmente pelo menos cinco sugestões de melhoria em fichas previamente distribuídas. Depois orienta classificar as sugestões dadas em vital ou trivial. Recomenda preencher cada sugestão em uma, e somente uma ficha, de forma legível e precisa, no sentido de evitar múltiplas interpretações, e identificar o nome na parte inferior da ficha. Colocar a classificação no alto à direita da ficha, apenas com a sigla V (vital) ou T (trivial). Esclarece que vital significa urgente e de suma importância para a melhoria do processo e que trivial significa importante, mas não urgente, podendo ser implementada em médio ou longo prazo;

1. o diretor recolhe, junta, embaralha e redistribui todas as fichas com as sugestões individuais para os subgrupos. Divide novos subgrupos e orienta cada um a categorizar as sugestões em temas e agregar mais sugestões (mínimo de três). Posteriormente realiza-se a fusão dos subgrupos (dois a dois) e implementa-se nova consolidação com homogeneização das categorias e agregam-se mais sugestões (mínimo de uma);
2. o diretor orienta a fusão final, formando novo subgrupo constituído por representantes escolhidos democraticamente dos subgrupos anteriores. Realiza nova consolidação com título dos temas categorizados e estatística da produção final (quantitativo de sugestões do grupo por tema e total);
3. é feita a apresentação final para o grupo por um representante democraticamente escolhido.

Comentários: a partilha derivando para um *brainstorming* é uma experiência extremamente rica e produz resultados significativos para o grupo e para a organização. Toda a vivência das etapas anteriores reduziu o campo de tensão, favorecendo a criação e o intenso fluxo de idéias. A produção do grupo é visível e qualquer material pode ser objetivado sem censura. Aqui a ação cognitiva é livre e o registro, nas fichas, das sugestões individuais e do grupo provoca uma sensação de prazer pela produção. Testemunhamos o *status nascendi* das soluções para o(s) tema(s) protagônico(s). Em síntese podemos dizer que, após a partilha das emoções e dos sentimentos, o sentido compartilhado é consolidado com a construção conjunta das soluções. Não importa que muitas das sugestões sejam similares, o que conta é o movimento do grupo buscando a convergência com a complementaridade dos saberes.

Exemplos de aplicação

Exemplo 1 — Nível de grupo

O primeiro trabalho, realizado em 1999, durou quatro dias com intenso encontro grupal com gestores e usuários do Sistema de Informações Contábeis Financeiras (Sicof) da Secretaria da Fazenda do Estado da Bahia. O enfoque essencial era preparar os gestores desse sistema para receber *feedback* dos usuários desse mesmo sistema. Além disso, como resultado final, os grupos de gestores e usuários produziriam sugestões de melhoria. Esses encontros eram parte da fase inicial do projeto de melhoria desse sistema provisoriamente denominado "O Sistema do Futuro".

O encontro inicial com os gestores do sistema possibilitou a inversão de papéis (um olhar no lugar do usuário), que, quando confrontado com as sugestões dos usuários, configurou um teste de percepção fundamental para aferir adequação de uso e correção de desvios em processos de relacionamento entre cliente (interno) e fornecedor (interno). Foram quatro grupos, o primeiro composto por 27 gestores do sistema; os outros três, com 103 usuários das Secretarias de Administração, de Agricultura, de Cultura, de Indústria e Comércio, Cofeplan, Secretaria de Governo, de Infra-Estrutura, de Justiça, de Planejamento, da Saúde, de Educação, de Segurança, do Trabalho, da Fazenda e AGE. Foram dadas 615 sugestões, categorizadas pelos seguintes temas: comunicação, treinamento, reengenharia de sistema, inovações tecnológicas, normas e procedimentos, inovações de sistema, melhoria de consultas e relatórios, qualidade, melhoria/implementação e desenvolvimento, relatórios, simplificação do sistema/rotina, melhoria no atendimento – *help desk*, integração de sistema e usuário, agilização dos programas em desenvolvimento, divulgação/procedimento, equipamentos compatíveis, reavaliação do acesso às informações etc.

Exemplo 2 — nível de grupo e organizacional

O segundo trabalho, realizado em julho de 2003, sob o título inicial Desenvolvimento do Papel Profissional, teve como cliente um grupo composto por gerentes-gerais das agências de um grande banco na região metropolitana de Salvador. O contrato inicial consistia em dois encontros. O objetivo dos encontros era alcançar maior integração, humanização e análise crítica do papel profissional, além de sensibilizar os participantes para a implementação de um novo modelo de gestão de competência. Por esse modelo, os gestores seriam avaliados sistematicamente pelos respectivos empregados e o resultado identificaria *gaps* de competências para posterior elaboração de planos de desenvolvimento individual.

Depois do primeiro encontro, a proposta do trabalho foi redirecionada, utilizando o material produzido no encontro inicial para possibilitar a convergência e a produção de idéias (sentido compartilhado, princípios e ações) sobre valores, comportamentos esperados e ações executáveis para alcançar os melhores resultados em um novo ambiente organizacional harmônico e saudável. Como resultado final foram elaborados cerca de 40 princípios e ações que norteariam a nova gestão. Além disso, a imagem final (imagem de uma celebração de um coroamento) foi construída com a participação de todos, legitimou-se significativamente o líder que recentemente tinha sido designado pela alta administração.

CONSIDERAÇÕES FINAIS

A utilização sistemática desse método de aquecimento, aliada a uma seqüência de técnicas simples e profundas em contextos organizacionais distintos, revelou que rapidamente cria-se um campo inter-relacional mais relaxado, permitindo a emergência de temas protagônicos e maior distanciamento crítico para uma produção grupal mais espontânea e criativa.

Ainda que a seqüência de métodos seja semelhante, os conteúdos grupais são bem diferentes, geralmente ricos em significado e de altíssima qualidade dramática. O campo para aplicação dessa seqüência é amplo em contextos organizacionais, porém com efeito mais significativo em encontros com grupos de convivência cujo objetivo é realizar análise crítica de macro ou microprocessos organizacionais. Em geral os efeitos das respostas são os seguintes:

- análise crítica de processos organizacionais, sugestões de melhoria tecnológica e relacional, maior integração, sensibilização, humanização e construção de sentido compartilhado dos participantes para um novo modelo de gestão;
- análise crítica do desempenho do papel profissional;
- ampliação da percepção das potencialidades do participante e identificação de lacunas de competências atitudinais para desenvolvimento;
- ampliação da clareza do papel profissional e fortalecimento do compromisso com processos de mudanças organizacionais;
- facilitação da convergência e produção de idéias (princípios e ações) sobre valores, comportamentos espe-

rados e ações executáveis para alcançar os melhores resultados em ambiente organizacional harmônico e saudável.

REFERÊNCIAS BIBLIOGRÁFICAS

BASTOS, A. V. B. Cognição e ação nas organizações. In: DAVEL, E.; VERGARA, S. C. (orgs.). *Recursos humanos e subjetividade*. Rio de Janeiro: Vozes, 2001.

CUKIER, R. *Palavras de Jacob Levy Moreno*. São Paulo: Ágora, 2002.

_______. *Psicodrama bipessoal*: sua técnica, seu terapeuta e seu paciente. São Paulo: Ágora, 1992.

MENEGAZZO, C. M. *et al*. *Dicionário de psicodrama e sociodrama*. São Paulo: Ágora, 1995.

MORENO, J. L. *Psicoterapia de grupo e psicodrama*. Campinas: Editorial Psy, 1993.

POBLACIÓN KNAPPE, P.; BARBERÁ, E. L. *A escultura na psicoterapia*. São Paulo: Ágora, 1999.

ROJAS-BERMUDEZ, J. *Teoría y técnica psicodramáticas*. Buenos Aires: Paidós, 1997.

VIANA, A. C. V. *Sensemaking e avaliação:* uma abordagem para compreensão de processos organizativos em uma instituição hospitalar. 2001. Dissertação (Mestrado em Administração de Empresas) – Escola de Administração da UFBA, Salvador, 2001.

6

Integração — Formando equipe

JOCELI DRUMMOND

Venho trabalhando como consultora organizacional há dezessete anos, com alguma dificuldade no início, pois havia má interpretação do nome "psicodrama". Um bom exemplo dessa má interpretação eram os comentários jocosos que surgiam quando eu dizia que seria o psicodrama a metodologia a ser utilizada: "É dramalhão?" ou: "É curso para chorar?". Hoje temos maior abertura e compreensão dentro das organizações, e cada vez mais o psicodrama é reconhecido por sua eficácia nas intervenções dos conflitos relacionais, assim como em conseguir a sinergia esperada para alcançar os objetivos com maior eficácia e menor gasto de energia.

A teoria de Moreno é bastante atual para os princípios organizacionais. O conceito de espontaneidade e a idéia de que cada um de nós deva ser "deus", ou seja, ser responsável pelas respostas que dá ao mundo, é a busca dos bons profissionais.

Faço parte, com muita honra e orgulho, do grupo de Psicodrama Autodirigido coordenado por Dalmiro Bustos. Esse grande mestre sempre me lembra que amar ao próximo e praticar psicodrama faz parte do mesmo contexto, assim tento me nortear pelo afeto dentro das empresas, além da necessária teoria.

Sou chamada, normalmente, para trabalhar nas empresas pela área de Recursos Humanos. Nessa etapa os procedimentos para levar o trabalho a contento são:

O primeiro passo é a reunião com os profissionais de Recursos Humanos para ouvir as demandas, bem como saber que resultado se espera da consultoria. Esse é o momento de escutar as queixas da empresa para o desenvolvimento do trabalho, pois permite conhecer dois elementos fundamentais:

- a cultura organizacional;
- o contexto social no qual o grupo está inserto.

O segundo passo ocorre com uma reunião com o gerente, para conhecer a queixa dos líderes. É nesse momento que se compreende e percebe o teor da relação assimétrica (existente em todos os níveis hierárquicos) entre funcionários e liderança, identificando-se o estilo de liderança e as necessidades.

O terceiro e "melhor momento" é estar com o grupo, que pode variar de diretores a operários. Em algumas empresas trabalhamos com todos juntos nas atividades, o que garante melhor integração e soluções dos problemas demandados, pois todos se sentem co-responsabilizados pelas soluções.

Tentarei descrever a seguir uma experiência real com um grupo em uma empresa.

O objetivo deste trabalho foi o de integração. O gerente queria conhecer a equipe com quem iniciaria seu trabalho e preparar o grupo para as mudanças necessárias. Trabalhamos com o gerente e toda sua equipe, um total de 15 pessoas.

PRIMEIRA ATIVIDADE: AQUECIMENTO – DENOMINAÇÃO: BOAS-VINDAS

Tarefa: Ao som de música pré-selecionada, os participantes circulam pela sala buscando alguém que queiram conhecer melhor, trocar idéias, dar bom-dia. Na parada da música, os escolhidos se encontram e trocam informações, recepcionando-se um(ns) ao(s) outro(s).

Dado um tempo para perceber esse primeiro momento, andar pela sala fazendo uma retrospectiva dos momentos que antecederam a vinda para esse trabalho.

Levantar as sensações, o que gostariam ou não de trazer para esse dia, partilhar as sensações, expectativas etc. O tempo desse aquecimento depende do grupo, com o objetivo de dar maior continente e abertura a eles e a nosso aquecimento (diretores).

Após esse primeiro momento, é feita uma análise de processo, de como os participantes perceberam a si e ao grupo.

Lembrando, o aquecimento tem três finalidades:

- quebrar o "gelo" do coordenador; sensibilizá-lo para conectar-se com o grupo;
- quebrar o "gelo" do grupo, trazer o clima de afetividade e segurança para o acolhimento dos temas que surgirão;
- perceber como o grupo está, fazendo assim um diagnóstico do clima, da situação e disposição dos participantes. Chamamos tema do grupo tudo aquilo que vem do contexto social (individualizado pelos participantes) e é trazido para o contexto grupal.

Em seguida, nós diretores trazemos a agenda do dia, objetivo do trabalho. Esse momento é bastante importante para grupos de empresa, pois nem sempre todos na organização têm claro qual o objetivo do trabalho. E realinhamos as expectativas pessoais com as da empresa.

Segunda atividade — denominação: Eu no grupo — formando nosso universo ou sociometria pela auto-apresentação

Moreno (1997) definiu o sociograma como "um método de ação profunda, relativo às relações intergrupais e às ideologias coletivas. O foco do interesse e da análise está no grupo".

Tarefa: Cada participante deve apresentar-se como se fosse um elemento da natureza (sol, montanha, rio etc.) e reconhecer-se nas características desse elemento. Depois, fazer um desenho único do grupo como se os elementos formassem um "planeta". Dar nome ao planeta e se perceber no sociograma criado. Assim os participantes se percebem e partilham o valor, o lugar em que cada um se percebe no grupo. Essa atividade é reveladora e esclarecedora para os participantes.

Essa atividade já é um aquecimento específico. O grupo fica envolvido com as leituras que ele mesmo faz de sua constelação social.

Terceira atividade — denominação: Mapeando o cotidiano

Após cada participante se perceber no contexto grupal, já se podem trazer cenas do cotidiano para que cada um busque, a partir daí, as saídas saudáveis, tanto para as necessidades inter-relacionais como para as necessidades organizacionais. Assim, em subgrupos, eles dramatizam o cotidiano – são as cenas clássicas do psicodrama. Nesse momento, minha intervenção se dá por meio das seguintes técnicas: solilóquio, espelho e inversão de papéis.

Quarta atividade — denominação: O trem

Esta atividade propõe o partilhamento das percepções sobre o cotidiano e busca as saídas saudáveis para o grupo.

Faz-se aqui a pergunta fundamental: "O que dentro da realidade queremos: T – Transformar, R – Realçar, E – Eliminar, M – Manter?". A analogia com o "trem" se faz pelas letras iniciais de cada uma dessas palavras. É importante lembrar que as mudanças causam medo, pois parece necessário jogar fora tudo que se vem fazendo para absorver o novo, quando, na verdade, existe um caminho no qual "as estações ferroviárias" servem de momentos de parada para reflexão e ajustes, se necessário; por exemplo, o combustível, gente chegando e saindo etc.

Essa atividade, apesar de ser mais "mental", dá a consistência necessária para o grupo se reorganizar, pois alinha as mudanças esperadas na dinâmica do grupo.

Quinta atividade — denominação: A pérola

O final das atividades é o retorno para o afetivo, a confirmação do continente grupal e o momento de dar consistência à continuidade das relações do grupo.

Usa-se a metáfora da pérola (fragilidade/força), que realça a sobrevivência do frágil molusco, quando um grão de areia entra em sua concha e é calcificado, desenvolvendo a pérola. Assim somos nós, com nossa fragilidade e/ou dificuldade, podemos distribuir pérolas pelo mundo com nossa espontaneidade.

Tarefa: Cada participante, de posse de uma concha com uma pérola, conversa com os outros participantes sobre as pérolas internas e as que gostariam de construir juntos. Esse fechamento traz uma catarse integrativa, que sedimenta as relações pessoais e possibilita reajustes entre os participantes.

No partilhamento é comum escutar que o dia-a-dia profissional "engole a sensibilidade" e as manifestações de afeto. Dinâmicas como a descrita restabelecem o contato afetivo.

Um pouco de teoria

Trabalhar com psicodrama em empresas é tentar resgatar os afetos nas relações, é procurar retornar o humano na selva de ganhar dinheiro, é trazer os ajustes para as competições empresariais.

Moreno (1978) traz a visão de homem mundo com uma grandeza e liberdade de escolha que a princípio parece impossível dentro de um contexto fechado como o das empresas, onde, na maioria das vezes, as reclamações e justificativas aquietam esse processo.

É preciso provocar melhorias contínuas para tornar as organizações mais saudáveis: ser criativo e espontâneo diante de cada momento; ser autor de sua vida e não um ator desempenhando um *script* alheio.

Essa possibilidade é a busca de hoje nas empresas, para que cada um seja responsável por sua função sem perder a visão da responsabilidade global em conseqüência de seu papel. Buscar harmonia nas relações com inteligência individual e grupal. Facilitar alcançar os objetivos com menos desgaste e poder abrir-se para olhar o mundo e o mercado sem precisar gastar muita energia para "corrigir" as rotas das inter-relações.

Por que utilizar o psicodrama nas empresas?

Nos processos de grandes e constantes mudanças, a criatividade torna-se imprescindível, pois promove a facilidade de buscar rapidamente respostas às demandas.

O psicodrama facilita às pessoas redescobrir sua capacidade de dar respostas eficazes e eficientes diante dos estímulos (espontaneidade). Ele inaugura um conjunto de ferramentas que permitem ao participante atuar como sujeito na busca das soluções dos desafios levantados.

A pessoa capaz de pensar e agir adequadamente tende a assumir a responsabilidade pelas conseqüências de suas decisões. Esse tipo de atitude diante do trabalho e da vida tomada por "colaboradores comuns" faz a "diferença" em uma empresa.

Representar cada papel com responsabilidade é fazê-lo com a habilidade de dar respostas adequadas (teoria dos papéis). Papel para o psicodrama é a forma real e tangível que toma o "eu" (*self*).

Papel tem aspectos coletivos e privados, ou seja, denominadores coletivos e diferenças individuais. A partir dos papéis é que se desenvolvem as relações. Os papéis não se desenvolvem separadamente, mas em "cachos" (*clusters*). Os papéis não vividos são atirados no presente, é o efeito dos *clusters*.

Bustos desenvolve nos livros *Perigo... amor à vista!* (1990) e *Actualizaciones en psicodrama* (1997) a teoria dos três *clusters*. Esta teoria tem nos ajudado muito no atendimento aos líderes das empresas e no direcionamento dos jogos para a emancipação dos grupos que trabalhamos.

1º *Cluster*: o papel da mãe/filho é visto como protopapel. A palavra-chave deste *cluster* é DEPENDÊNCIA. Aprender a depender é essencial para o desempenho da vida adulta; saber receber, aceitar ser cuidado, aceitar momentos vulneráveis. Caso contrário a AGRESSÃO é uma das ferramentas utilizadas para dar conta desses momentos.

2º *Cluster*: relação pai e filho. O exercício da AUTORIDADE depende do aprendido no *cluster* paterno. Segundo Bustos, as pessoas TITUBEANTES não têm a autoridade interna definida. Fica evidente o impacto deste *cluster* na busca de resgatar a dinâmica deste cacho de papéis dentro de uma empresa com as relações assimétricas e as transferências de papéis.

3º *Cluster*: relação entre irmãos. Repartir requer um desejo de dar para o bem comum (o *sharing*), que, para Moreno, é o desejado; compartilhar para todos ganharem é o que se faz na dor, na aprendizagem e nas conquistas, mas o ser humano não é tão altruísta. A necessidade narcísica é tão importante como a decisão. Assim, reparar de forma saudável este *cluster* é a essência da sinergia.

O psicodrama ajuda a desenvolver a inteligência emocional a partir da reflexão da ação e da busca de saídas cabíveis para as diferentes situações. Permite, pois, aos colaboradores assumir-se como co-responsáveis pelo próprio destino, bem como tornar-se conscientes de sua co-responsabilidade no destino das organizações em que atuam (matriz de identidade).

A ação psicodramática possibilita a prática da flexibilidade na atuação de diversos papéis, pelo *role-playing*.

QUANDO UTILIZAR OS *CLUSTERS*?

Quando houver por fim dinamizar e ampliar a atuação dos profissionais que lidam com processos de diagnósticos, implantação de novas tecnologias, reuniões, treinamento, desenvolvimento, seleção e avaliação de potencial/desempenho.

VANTAGENS DO PSICODRAMA

- Trabalhar concomitantemente a relação inter e intrapessoal, a sinergia grupal (tele).
- Fortalecer os vínculos relacionais que promovem o crescimento integrado da rede organizacional (encontro).
- Promover o aumento do comprometimento com os resultados alcançados ou a serem alcançados pela empresa.
- Sair da antiga prática regida pelo "Faça o que falo não o que faço", indo em direção à atuação com responsabilidade sobre as próprias ações.
- Desenvolver o *empowerment*.
- Desenvolver equipes.
- Utilizar a criatividade como facilitadora nas soluções de problemas.
- Associar teoria e prática nas questões diárias da empresa.

COMO TRABALHAR COM PSICODRAMA

- Com jogos, atividades e simulações adequados às características e fases de cada grupo.
- Pela reflexão para compreender a atuação individual e grupal e pela busca da excelência na atuação.

O objetivo do psicodrama é desenvolver habilidades de percepção, compreensão e intervenção em processos grupais e relações interpessoais a partir da metodologia sociopsicodramática, bem como permitir a cada participante trazer sua contribuição para o processo, pois ele é co-responsável pelo sucesso ou fracasso da ação.

Mais uma vez reafirmo, o psicodrama propõe que cada um torne-se autor na própria vida e, portanto, não se limite a ser um ator de um *script* que não revele seu potencial humano.

Uma das ferramentas que fazem o diferencial do psicodrama é o *role-playing*, pelo qual as pessoas se percebem entrando no papel do outro e fazendo a inversão de papéis, pondo-se, assim, no lugar do outro. Essa ferramenta facilita as negociações, pois flexibiliza as posturas a partir da oportunidade de vivenciar a situação do outro.

A ESCOLHA DOS JOGOS OU DA DRAMATIZAÇÃO

A escolha dos jogos deve dar-se a partir do aquecimento, que, segundo Moreno (1997), é a "manifestação básica para a espontaneidade e suscetível de medição". Para obter essa medição nas empresas, propomos atividades que provoquem conscientemente manifestações, para que se possam mensurar o ritmo do grupo, a afetividade, os medos etc. A isso chamamos estado de grupo ou como o grupo reage a determinadas atividades. A percepção de como o grupo "está" naquele momento é importante para planejar as atividades que dão vida ao drama grupal e ajudam a corrigir as dificuldades do grupo.

É possível dizer que estado do grupo é o comportamento manifesto: agressividade, impaciência, resistência, euforia, medo etc., ou o comportamento latente (aquele que aparece, mas não explicitamente): sarcasmo, indiferença etc.

Muitas vezes é necessário abordar diretamente ou por jogos as causas do comportamento manifesto ou latente. Comportamento latente não se expressa pela fala, apresenta-se de forma indireta, por exemplo, quando todos sentam longe de quem vai coordenar o grupo, não se cumprimentam, mexem muito os pés, as mãos etc.

A seguir, damos alguns exemplos de jogos que têm a função de explicitar o porquê de determinado comportamento.

- Agressividade: briga de galo.
- Impaciência: relaxamento, danças, atividades com movimento.
- Medo: fazer uma maquete ou um jornal, colagens de como está o dia-a-dia, explicitar o que está acontecendo.
- Indiferença, apatia: trabalhar aonde se quer chegar.

Para a escolha de jogos é preciso estar atento também ao momento do grupo, que é a fase pela qual as pessoas estão passando. Adaptamos as fases da matriz de identidade proposta por Moreno (1997) e a teoria de grupos de Bion (2003), para organizar as fases de um grupo.

Ao iniciar o trabalho, o grupo está no caos, cheio de expectativas em relação ao desconhecido. O diretor também entra nesta fase com o grupo e depois vai evoluindo conforme o trabalho for se desenrolando, passando para as seguintes fases: estranhamento, diferenciação, jogo e inversão de papéis.

Assim, é importante observar em qual fase o grupo se encontra para adaptar o jogo às funções de cada fase.

FASE, *momento do grupo*	*CARACTERIZAÇÃO* *da fase*	*CONDUTA* *do facilitador*	*TÉCNICA* *a ser utilizada*
Caos Indiferenciação	Há desconhecimento, expectativas e necessidades de referenciais. A necessidade básica do grupo é o afeto, aconchego para adquirir confiança e espontaneidade. A emoção básica que aparece nesta fase é o **medo**.	Dar informações claras, precisas e em quantidade "suficiente" para esclarecer a situação. Requer do diretor calma, capacidade para dialogar, entender o outro. Ter disponibilidade e estar na relação com espírito de ajuda e proteção.	**Técnica do Duplo** O outro ajuda a explicitar as emoções. Por meio do ego-auxiliar ou do jogo, a emoção é expressa pelo protagonista.
Estranhamento	Aparecem dúvidas, desconfianças, resistências, questionamentos. O grupo já começa a ganhar autonomia, como quando o bebê engatinha e inicia a separação da mãe. Neste momento o diretor deve dar mais liberdade, mas com limite, e manter o contato afetivo. A emoção básica é a **raiva**, pois já não se tem o "colo idealizado".	Continuar esclarecendo, explicitar as diferenças (vantagens/desvantagens, o que era e o que será). Requer segurança e capacidade de argumentação do diretor.	**Técnica do Espelho** Eu me vejo no outro; o protagonista torna-se um espectador de si mesmo. São os jogos com função de reflexão para a autonomia do grupo ou de se ver no "espelho" feito por outro participante. Dependendo do grupo, são feitas filmagens e as leituras das cenas.

FASE, *momento do grupo*	*CARACTERIZAÇÃO* *da fase*	*CONDUTA* *do facilitador*	*TÉCNICA* *a ser utilizada*
Diferenciação	Compreensão e percepção do que ocorre com o próprio grupo. Justificar ou culpar os outros pelos fatos já não é suficiente para a liberdade desejada. Há ainda resistência às mudanças. É o princípio da emancipação e da espontaneidade, buscar novas respostas a antigos estímulos. Agora as reflexões são mais profundas, a elaboração é para a emancipação de cada participante. A emoção básica é a **tristeza** (separação do outro). Necessidades do grupo: limites negociados, respeito, porto seguro, orientação para o espaço de cada um.	Solicitar mais reflexão, pedir esclarecimentos, sugestões e alternativas; expor a situação. Requerem-se flexibilidade e capacidade para ouvir, objetividade. Relação de ajuda: proteção adequada, limites compartilhados e negociações com relativa liberdade.	**Técnica do Solilóquio** Cada participante "fala" consigo mesmo: o protagonista verbaliza suas emoções. Neste momento são dados jogos ou dramatizações que permitem a manifestação de emoções.

FASE, *momento do grupo*	*CARACTERIZAÇÃO* *da fase*	*CONDUTA* *do facilitador*	*TÉCNICA* *a ser utilizada*
Jogo Interpolação	Experimentação de novas respostas, da imitação, descobrimento do novo, empolgação, teste de capacidade. A emoção básica que surge é a **alegria**. O grupo precisa de proteção reduzida, lembrando os limites, de maior liberdade para que criem suas próprias regras.	Estimular a prática, acompanhar de perto, orientar, ajudar a corrigir os rumos, criar novas situações. Requer do diretor o desprendimento, "não ser o único que sabe", e muita energia com persistência. O grupo entra em menor relação de ajuda e precisa de proteção reduzida, lembrando os limites, mais liberdade.	**Técnica da Interpolação** Ir além do esperado: a contracena é alterada, exigindo nova resposta. São jogos de regras e mudanças de regras. Cenas com interpolação, onde se altera a atividade em seu decorrer, inserindo ou intercalando com algo inesperado.
Inversão dos papéis	Inovação, evolução, criação própria, segurança e busca do domínio de si mesmo. A emoção que surge é o **afeto**. As necessidades não estão mais centralizadas no coordenador, mas no próprio grupo, que dá a proteção. Há grande liberdade e o limite deve ser reduzido.	Supervisionar, estimulando a absorção de novos conhecimentos. Requer autoconfiança e capacidade para afastar-se (delegar), permitindo ao outro mais liberdade de ação, criatividade. Relação de ajuda: pouca proteção, limites reduzidos e grande liberdade.	**Técnica de Inversão de Papéis** Troca de papéis: quando se assume o papel do outro. Jogos ou dramatização de *role-playing*.

PARTILHAMENTO

A última fase de uma intervenção com o psicodrama é a do partilhamento, que é um dos pontos altos de um trabalho na empresa, pois os profissionais têm pouco espaço para se colocar de forma afetiva e construtiva.

A semana que passei fazendo um curso no teatro de Moreno, coordenado pela Zerka Moreno, me fez compreender a verdadeira função do compartilhar as experiências em um grupo com diferentes conservas culturais e dar ênfase a essa fase da cena psicodramática dentro das organizações, pois é quando todos se humanizam, independentemente da raça do funcionário ou do cargo que ocupa.

Tenho ouvido muitos relatos que me revelam que os *feedbacks*, em geral, são dados em momentos de raiva, ou seja, são feitos de modo e no momento inadequados. Já o partilhamento parece permitir que sejam dissolvidas as couraças, iguala a todos e os torna companheiros de jornada. Assim esse espaço aberto para conversar de forma calma e adequada é mágico para os participantes, é o momento de resgatar um pouco da humanidade dentro do papel profissional tão camuflado pela "armadura".

Moreno é antes de tudo um investigador social, um revolucionário nas relações, que buscou a cura da sociedade e não apenas do indivíduo.

Tenho orgulho de trabalhar com essa metodologia, que é eficiente e ajuda a construir a sinergia de grupo para que ele alcance seus objetivos empresariais com menor esforço e menor gasto de energia.

Referências bibliográficas

BION, Wilfred. *Experiência com grupos*. São Paulo: Imago, 2003.

BUSTOS, Dalmiro. *Actualizaciones en psicodrama*. Buenos Aires: Editorial Momento, 1997.

_______. *Apostilla las huelas de la vida; la teoria de cluster*. Apostila fornecida em grupo autodirigido, sem data.

_______. *Perigo... amor à vista!* São Paulo: Aleph, 1990.

_______. *O teste sociométrico*. São Paulo: Brasiliense, 1978.

DIAS, Victor. *Psicodrama* – teoria e prática. São Paulo: Ágora, 1987.

MORENO, Jacob Levy. *O teatro da espontaneidade*. São Paulo: Summus, 1978.

_______. *Psicodrama*. São Paulo: Cultrix, 1997.

Os autores

Annatália Meneses de Amorim Gomes

Psicóloga, assistente social e psicodramatista, é mestranda em Educação em Saúde pela Universidade de Fortaleza (Unifor). Bolsista da Fundação Cearense de Apoio ao Desenvolvimento Científico e Tecnológico, atua como supervisora do Núcleo de Humanização da Secretaria da Saúde do Ceará.

Georges Salim Khouri

É psicólogo clínico pela Universidade Federal da Bahia e psicodramatista didata supervisor pelo Centro de Psicodrama e Sociodrama (Ceps) e pela Associação Baiana de Psicodrama e Psicoterapia de Grupo (Asbap). Geólogo pela Universidade Federal da Bahia, fez o curso de extensão em Gestão pela Qualidade Total no Centro Educacional de Tecnologia em Administração da UFBA. Tem formação em psicoterapia de abordagem corporal (Bioenergética) pelo Círculo Neo-Reichiano (BA) e em terapia corpo-mental na Phoenix Desenvolvimento. Consultor socioeducacional, trabalha como gerente de Recursos Humanos no segmento de exploração e produção da unidade de negócios da Petrobras na Bahia e como psicólogo clínico.

Joceli Drummond

Psicóloga educacional, pedagoga e psicodramatista, tem as seguintes especializações: Direct Group, em Beacon, coordenado por Zerka Moreno; Creative Problem Solving (Estados Unidos); Learning to Learn (Estados Unidos); Epistemologia do Saber (Bélgica). Participante do Grupo Autodirigido, coordenado por Dalmiro Bustos, é sócia diretora da Potenciar Consultores Associados. Ministra cursos e dá consultorias utilizando o psicodrama organizacional.

MARCO ANTONIO PULICE AMATO

É psicólogo e diretor de psicodrama pelo Instituto J.L. Moreno. Formou-se psicodramatista didata supervisor pela Federação Brasileira de Psicodrama (Febrap) e pelo Instituto de Psicodrama e Máscaras – Cosmos.

MARIA CECÍLIA VELUK DIAS BAPTISTA

Psicóloga e psicodramatista didata supervisora pela Febrap, é especialista em Psicologia Social, terapeuta de família e casal e diretora e coordenadora de ensino do Delphos Espaço Psicossocial.

MARILYN KAY NATIONS

Ph.D. em Antropologia Médica pela Universidade da Califórnia, é professora titular no curso de pós-gradução *stricto sensu* em Educação em Saúde da Universidade de Fortaleza (Unifor). É professora adjunta do Departamento de Medicina Social da Universidade de Harvard (Estados Unidos).

TÂNIA FATOR

Psicóloga, pedagoga e psicodramatista, é mestre e doutora em Psicologia Social pela PUC-SP. Professora de Psicologia Organizacional em cursos de graduação e de Comportamento Humano no Trabalho na pós-graduação da Universidade São Judas Tadeu e da Universidade Municipal de São Caetano do Sul (Imes). É responsável pela coordenação pedagógica do curso de pós-graduação em Gestão de Pessoas nas Organizações. Há 15 anos dedica-se ao trabalho de pesquisa em psicodrama e psicologia organizacional, além de trabalhar como consultora organizacional independente.

VITÓRIA PAMPLONA

É psicóloga, psicodramatista, mestre em Educação e professora do curso de Psicodrama do Delphos Espaço Psicossocial.

YVETTE DATNER

Pedagoga e especialista em Sociologia da Educação pela USP, é psicodramatista didata supervisora com foco na área socioeducacional e docente do curso de pós-graduação *lato sensu* de Formação em Psicodrama do convênio SOPSP/PUC-SP. Sócia diretora da Datner Gestão de Mudanças e Gestão de Pessoas. Co-autora de *O jogo no psicodrama* (Ágora, 1995), publicou vários trabalhos apresentados em congressos.

leia também

O AGENTE SOCIAL QUE TRANSFORMA

O SOCIODRAMA NA ORGANIZAÇÃO DE GRUPOS

Marlene Magnabosco Marra

Uma amostragem clara e objetiva do uso do sociodrama na formação de pessoas capazes de promover o regate da cidadania e dos Direitos Humanos. A autora descreve trabalhos que permitiram a boa comunicação entre conselheiros tutelares e famílias, tendo como resultado o surgimento de multiplicadores. Para profissionais das áreas de psicologia, educação, saúde e serviço social.

REF. 20885 ISBN 85-7183-885-2

CODEPENDÊNCIA: O TRANSTORNO E A INTERVENÇÃO EM REDE

Maria Aparecida Junqueira Zampieri

Este é o resultado de um trabalho de sistematização. Ele aprofunda conceitos de psicopatologia, desenvolvimento humano e prática metodológica de trabalhos científicos. Estuda formas de intervenção que possam favorecer o sujeito para que atue efetivamente com seu grupo, priorizando o indivíduo em seu contexto familiar e social. É um profundo estudo sobre a questão da codependência.

REF. 20877 ISBN 85-7183-877-1

DO PLAYBACK THEATRE AO TEATRO DE CRIAÇÃO

Albor Vives Reñones

A leitura desse livro é provocante e inspiradora. O autor escreve como um bom escritor, faz reflexões como um bom pensador e cria como um artista. Para quem gosta da linguagem do teatro em suas aplicações não-convencionais, é imperdível. Recomendado também para artistas em geral e terapeutas grupais.

REF. 20783 ISBN 85-7183-783-X

A ÉTICA NOS GRUPOS

CONTRIBUIÇÃO DO PSICODRAMA

Antonio C. Cesarino; Aníbal Mezher; Camila S. Gonçalves; Débora Diniz; Marília J. Marino; Valéria C. A. Brito; Wilson C. de Almeida

Autores de primeira linha escrevendo sobre a práxis da ética. Eles abordam temas como a questão do sigilo nos grupos, cidadania e educação e os conceitos de formação moral e ética que, segundo eles, "não se ensina mas dá-se como exemplo e constrói-se na relação".

REF. 20805 ISBN 85-7183-805-4

leia também

O FIM DO SILÊNCIO NA VIOLÊNCIA FAMILIAR

TEORIA E PRÁTICA

Dalka C. A. Ferrari e Tereza C. C. Vecina (orgs.)

Os artigos aqui reunidos foram escritos por profissionais do Centro de referência às vítimas de violência – CNRVV. O livro aborda temas como a retrospectiva da questão da violência, o modo de funcionamento de uma sociedade e as intervenções possíveis. É uma obra de grande importância para todos os que lidam com esse tema devastador, mostrando que há, sim, saídas possíveis.

REF. 20807 ISBN 85-7183-807-0

GERONTODRAMA: A VELHICE EM CENA

Elisabeth Maria Sene Costa

A autora, psiquiatra e psicodramatista, vem atuando há mais de 15 anos com idosos. Aos poucos foi agregando uma série de abordagens às técnicas do psicodrama, imprimindo um cunho pessoal ao seu trabalho, que batizou de gerontodrama. O livro, que também apresenta os aspectos conceituais e clínicos do envelhecimento, é um guia completo para quem quer seguir essa especialização, ou para qualquer pessoa com curiosidade sobre o envelhecer.

REF. 20647 ISBN 85-7183-647-7

O IMAGINÁRIO GRUPAL

MITOS, VIOLÊNCIA E SABER NO TEATRO DE CRIAÇÃO

Albor Vives Reñones

Inspirado em Gaston Bachelard, Walter Benjamin e Michael Foucault, e mais o psicodrama e o teatro de criação, o autor mostra como é possível realizar trabalhos em empresas, hospitais, escolas etc., que permitam aos participantes explicar o imaginário que permeia a cada um e ampliá-lo.

REF. 20878 ISBN 85-7183-878-X

JOGOS DRAMÁTICOS

Regina Fourneaut Monteiro

O jogo insere-se na psicoterapia por meio do psicodrama, não só estruturado como técnica de aquecimento, mas também propiciando o aparecimento de uma atmosfera permissiva. A autora apresenta aqui jogos dramáticos, coleciona-os, classifica-os e os oferece aos profissionais para que os utilizem na sua prática diária e em sua própria vida.

REF. 20472 ISBN 85-7183-472-5

leia também

NOVAS CENAS PARA O PSICODRAMA

O TESTE DA MIRADA E OUTROS TEMAS

Dalmiro M. Bustos

Nesta coletânea de artigos, Bustos estendeu sua investigação e comentários para além das questões filosóficas, técnicas e teóricas do psicodrama que também estão presentes. Aqui, o seu olhar abrangente acrescenta temas sociais candentes como a liberdade e a violência.

REF. 20657 ISBN 85-7183-657-4

TEMAS PROIBIDOS

AÇÕES ESTRATÉGICAS PARA GRUPOS

Antony Williams

Criativo e original, este livro é dirigido a profissionais que trabalham com grupos. O título refere-se àqueles assuntos que, inconscientemente, são evitados em nome de lealdades invisíveis, impedindo o grupo de avançar com espontaneidade. Oferece técnicas de aquecimento para provocar transformações. Leitura indispensável para líderes de grupos, em especial na área empresarial.

REF. 20524 ISBN 85-7183-524-1

O TRABALHADOR NO MUNDO CONTEMPORÂNEO

PSICODRAMA NAS ORGANIZAÇÕES

Lucia Almeida

Há mais de vinte anos trabalhando na área de Treinamento e Desenvolvimento de Pessoas, usando como referência o psicodrama, a autora analisa o impacto das mudanças resultantes da globalização. Diante de um quadro de reorganizações profundas e do crescente desemprego, ela mostra que o preparo adequado do profissional moderno passa pela educação permanente.

REF. 20880 ISBN 85-7183-880-1

UM OLHAR SOBRE A FAMÍLIA

TRAJETÓRIA E DESAFIOS DE UMA ONG

Célia Valente (org.)

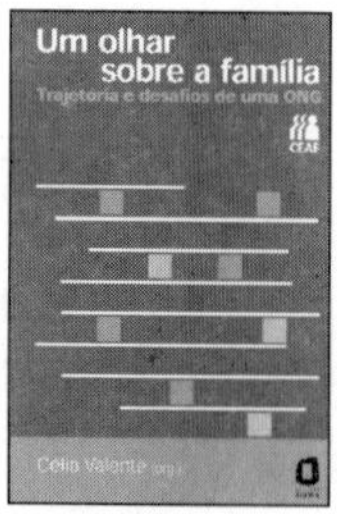

O Centro de Estudos e Assistência à Família (CEAF), que desempenha papel importante a famílias de baixa renda, com atendimento psicológico, terapêutico e educacional gratuito, completa vinte anos. Anualmente, duas a três mil pessoas passam pelo CEAF, que atua com metodologia própria e é referência na área. Sua história é narrada neste livro, com o objetivo de estimular outros profissionais que trabalham com populações de risco.

REF. 20875 ISBN 85-7183-875-5

IMPRESSO NA GRÁFICA sumago

sumago gráfica editorial ltda
rua itauna, 789 vila maria
02111-031 são paulo sp
telefax 11 **6955 5636**
sumago@terra.com.br

dobre aqui

ISR 40-2146/83
UP AC CENTRAL
DR/São Paulo

CARTA RESPOSTA
NÃO É NECESSÁRIO SELAR

O selo será pago por

SUMMUS EDITORIAL

05999-999 São Paulo-SP

dobre aqui

recorte aqui

EDITORA ÁGORA

CADASTRO PARA MALA-DIRETA

Recorte ou reproduza esta ficha de cadastro, envie completamente preenchida por correio ou fax, e receba informações atualizadas sobre nossos livros.

Nome:______________________ Empresa:______________________
Endereço: ☐ Res. ☐ Coml. ______________________ Bairro:______________
CEP: ________-______ Cidade: ______________ Estado: ______ Tel.: (   ) __________
Fax: (   ) ______________ E-mail: ______________ Data de nascimento: __________
Profissão:______________ Professor? ☐ Sim ☐ Não Disciplina: ______________

1. Você compra livros:

☐ Livrarias ☐ Feiras
☐ Telefone ☐ Correios
☐ Internet ☐ Outros. Especificar:______________

2. Onde você comprou este livro?

____

3. Você busca informações para adquirir livros:

☐ Jornais ☐ Amigos
☐ Revistas ☐ Internet
☐ Professores ☐ Outros. Especificar:______________

4. Áreas de interesse:

☐ Psicologia ☐ Comportamento
☐ Crescimento Interior ☐ Saúde
☐ Astrologia ☐ Vivências, Depoimentos

5. Nestas áreas, alguma sugestão para novos títulos?

____

____

6. Gostaria de receber o catálogo da editora? ☐ Sim ☐ Não

7. Gostaria de receber o Ágora Notícias? ☐ Sim ☐ Não

Indique um amigo que gostaria de receber a nossa mala-direta

Nome:______________________ Empresa:______________________
Endereço: ☐ Res. ☐ Coml. ______________________ Bairro:______________
CEP: ________-______ Cidade: ______________ Estado: ______ Tel.: (   ) __________
Fax: (   ) ______________ E-mail: ______________ Data de nascimento: __________
Profissão:______________ Professor? ☐ Sim ☐ Não Disciplina: ______________

Editora Ágora

Rua Itapicuru, 613 7º andar 05006-000 São Paulo - SP Brasil Tel (11) 3872 3322 Fax (11) 3872 7476
Internet: http://www.editoraagora.com.br e-mail: agora@editoraagora.com.br

cole aqui